读图时代的意义游戏

符号崛起

第2版

[英]西恩·霍尔（Sean Hall） 著

皮永生　段于兰　译

重庆大学出版社

前　言

《符号崛起：读图时代的意义游戏》将帮助读者越过文化所制造的意义沼泽。全书共介绍了75组基本的符号概念，涉及各类事物、图像与文本。每个概念的解读都以提问的方式开始。读者可以先思考一下自己的答案，再翻到下一页查阅作者的阐述。这种方式能够激励我们思考意义的产生、阐释与理解的过程。

现在的报纸、杂志、广播、电视等大众媒体常常谈及符号学。但符号学到底是什么呢？它为什么如此重要？符号学是关于记号的理论，"符号学"这个词源于希腊语 semeiotikos，意为"符号的解说员"。符号对人类生活至关重要，因为它承载了人类所有的沟通方式。

符号系统十分丰富，它包括手势、面部表情、语言、标语、涂鸦、路标、商业广告、临床症状、营销、音乐、肢体语言、素描、油画、摄影、诗歌、设计、建筑、电影、园林、莫尔斯电码、衣着、食物、纹章、仪式以及原始象征，而这些也只不过是符号学研究的诸多主题中的一部分而已。

下面来看看符号
是如何发生作用的：

停止	意味着	停止
苹果	意味着	苹果
皇冠	意味着	皇冠

现在请比较一下：

| 停止 | 意味着 | 危险 |

| 苹果 | 意味着 | 健康 |
| 皇冠 | 意味着 | 国王 |

试想下我们见到"停止"这个单词，一张苹果的图像以及一顶皇冠。为了让"停止""苹果"和"皇冠"这些符号具有实际意义，我们不得不问这些符号究竟意味着什么？在这个过程中我们必须仔细，因为符号很容易让人产生误解。单词"停止"很可能是在告诉我们前方有危险，或者表明这个地方有可使用的交通系统，比如公交车站；而苹果的图片可能暗示有健康食品供应，也可能象征着年轻或者美丽；我们所指的皇冠，也许象征着国王的出席，也可能表明附近有人要参加一场化装舞会。

符号十分重要，这是因为它们可以表达出事物的言外之意。胸口上的斑点代表你得了重病；雷达上的闪光代表飞机有迫在眉睫的危险；地图上"X"形的标记代表该处埋有宝藏。阅读信息看似很简单，但也同语境紧密相连。胸口的斑点应当放在医学的语境中理解；雷达上的闪光也应当放在航空语境中来解读；而地图上的"X"形标记则应当放在制图学语境中加以判断。符号并不是孤立的，它的意义取决于把它们组织起来的结构的意义，连同它们被阅读和理解的语境。因此，符号学是指人类通过不同方法，用工具、进程、结构、语境来创造、阐释并理解其意义。

为了理解大量与人类生活相关联的符号学现象，我构建了两个图表（参见第 2 页和第 5 页）。第一个图表有助于我们在更为广泛的符号学领域中定位何为"人类符号学"（其意义和人类相关联）；第二个图表专注于"人类符号学"本身，这也是本书所介绍的主要内容。

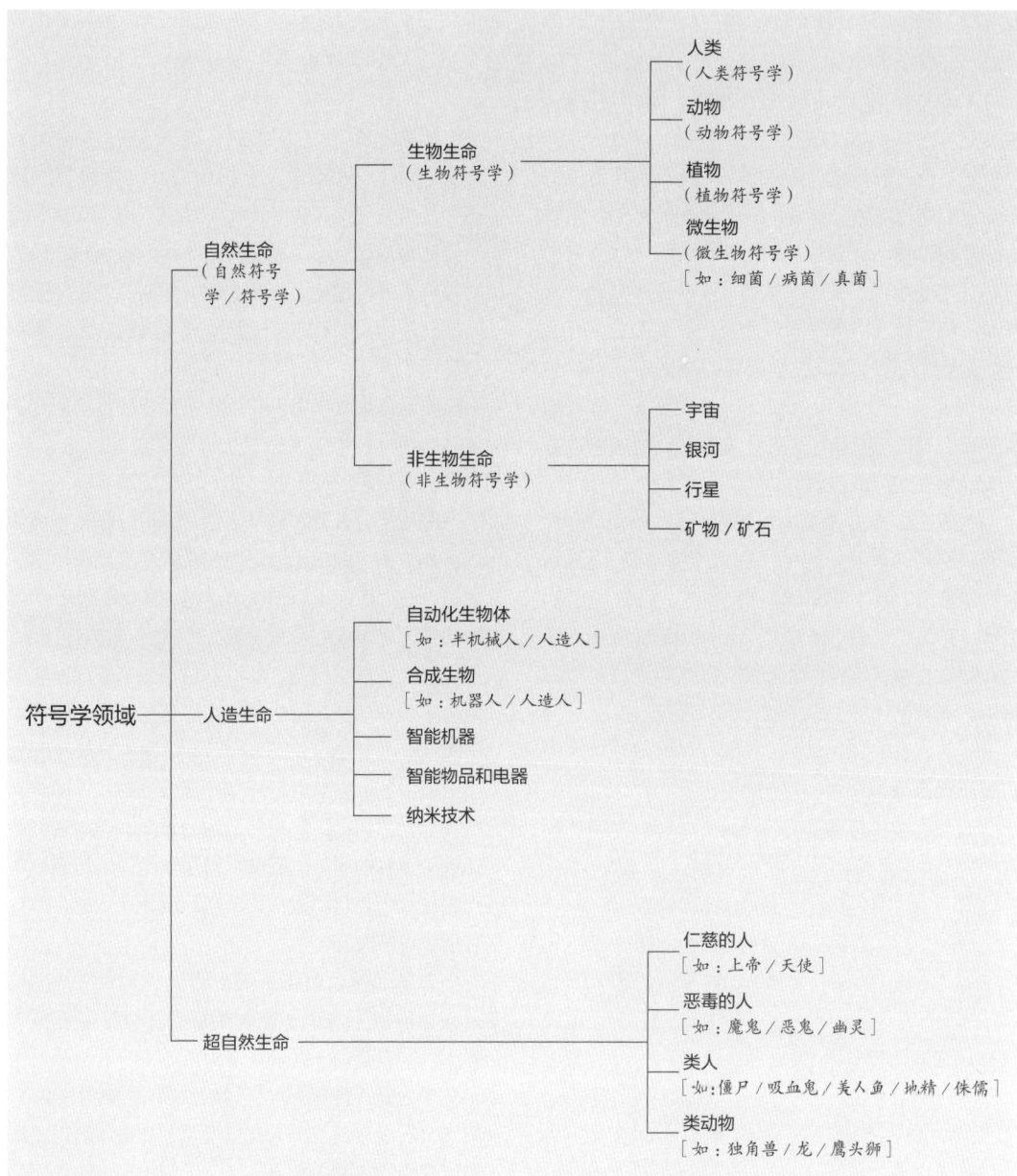

符号学领域

生物生命
（生物符号学）

人类
（人类符号学）

动物
（动物符号学）

植物
（植物符号学）

微生物
（微生物符号学）
[如：细菌／病菌／真菌]

自然生命
（自然符号
学／符号学）

非生物生命
（非生物符号学）

宇宙

银河

行星

矿物／矿石

符号学领域

人造生命

自动化生物体
[如：半机械人／人造人]

合成生物
[如：机器人／人造人]

智能机器

智能物品和电器

纳米技术

超自然生命

仁慈的人
[如：上帝／天使]

恶毒的人
[如：魔鬼／恶鬼／幽灵]

类人
[如：僵尸／吸血鬼／美人鱼／地精／侏儒]

类动物
[如：独角兽／龙／鹰头狮]

我们可以想象符号学在生命中所发挥的广泛作用。原因很简单，我们可以确认所有生命形式对我们本身都具有意义。那么，究竟什么是生命？为了理解何为生命，在进一步区分生命、生存、生活的重要差别之前，我们首先应当对生命加以分类。

对生命的分类有不同方式。我选择从尽可能广义的层面来进行划分，将其分为三种基本形式：自然生命、人造生命以及超自然生命。正如我们看到的那样，自然生命是一种已被发现的生命形式；人造生命是一种被发明创造的生命形式；而超自然生命是想象中的生命形式。

自然生命对我们来说显而易见，它就在我们周围的环境之中，是我们众所周知的一种生命形式。我们也能够发现这种生命形式。人类、动物、植物以及微生物，连同宇宙、银河、星球、矿物以及岩石都可以归为这种形式。事实上，我们使用自然科学（生物学、化学以及物理学）或者人文社会科学（如心理学、社会学、政治学、艺术学、设计学、语言学、经济学、地理学、人类学哲学、传播学、媒体研究以及物质文化）的理论和方法所观察和学习的任何一种事物，都可以归入我所指的自然生命之中。

人造生命与自然生命截然不同。人造生命不能在自然界中被发现，相反，它由人类文明创造而成。这种生命形式是全部或部分非自然的生命形式。人造生命往往是由非生物性材料模拟而成或者合制生成。由于人造生命具有这种非生物性的元素，因此人类社会对人造生命是否是真实的"生命"还存有争议。诸如复制人、半机械人、机器人、操作系统以及智能电脑，它们可能会模仿人的行为，但是我们对这类生命形式能在多大程度上以与人类相同的方式进行真正的思考、感觉和认知还存有很多怀疑。

超自然生命形式则更是有所不同。超自然生命并不是我们通常认为的生命。相反它是一种超越普通人类文化水平以及理解能力的生命形式。我们开始了解超自然生命，要么是因为我们能发挥想象力进行猜测（就像我们想象中的吸血鬼、美人鱼或独角兽），要么是因为我们在借助想象中存在的虚构人物的品质（如我们信仰上帝或者天使）以弥补我们的信仰行为。这种生命形式对于我们来说有些陌生，因为自然法则或进程无法对其进行解释。然而，由于上帝、天使、僵尸以及美人鱼都以与人类相似的面目出现，而独角兽、龙以及鹰头狮则有与动物相似的外表，所以这些超自然生命形式都似曾相识。（我所描绘的这些差别并非一成不变，宗教、神话以及科幻小说中的生命形式也并没有严格的区分界限或一致性；如果有超自然的生命形式，也没有任何一种方法或是规则能告诉我们哪种超自然生命形式是真实存在的或与我们想象中的截然相反。）

根据生命划分的这三种主要形式，我们可以探讨这三种主要生命形式的存在方式。为让这样的探讨卓有成效，我们需要对以下概念进行区分：

1. 生命   2. 生存   3. 生活

拥有生命的事物产生后，会持续存在一段时间，然后消亡。人类的生命，动物、植物的生命，粒子的生命，星系、行星、机器人、智能电脑、有形物体乃至天使、吸血鬼、精灵以及独角兽的生命都遵从出生、生存、死亡的定律。

生存的事物形成一个更为受限的阶层。这类事物致力于繁殖、生长和发展，他们自主活动，具有某种程度的复杂性，他们致力于发展适应性行为，并且能够生成化学物质以便获取能量。大多数的人类和动物都是如此。从这个层面上讲，我们可以说，他们在生存。

最后，有些事物他们拥有生命，体验生存，并能引领生活。生活即是制订计划、拥有事业；它是做出决策并进行发展，调整方法以获得好的结果，遵从某种道德准则并管理自我，成为价值观体系的一部分，采用综合的方法使这个世界更有意义。这些元素构成了典型的人类生活，它们赋予人类的生活以意义。换言之，人类拥有主导自己生活的潜力。

前文中我们阐述了生命被划分为不同形式，并介绍了生命、生存、生活的区别，现在我们可以接着讨论它们和人类的符号学是如何产生关联的（如人类符号学）。为让大家了解人们如何理解人类符号，我们思考一下下页的这幅图表。

◎ 符号和符号的使用

符号无处不在。但是它们究竟是如何形成，如何被用于交流，又是怎样被人理解的呢？

对于人类而言，符号由可用于制作符号的材料塑造而成，它融入了人类的文化结构，能通过各种不同渠道用于人类的交流，并且能借助其发源的社会本质来进行解读。

有许多方法能帮助我们理解符号是如何发挥作用的。为了便于理解，我们借用我给出的第二幅图表中的标题来加以阐述。

意义的来源
意义的表达
意义的结构
意义的语境
意义的渠道
意义的类型

◎ 意义的来源（信息从哪里来）

符号有两个基本来源：第一是自然来源；第二是文化来源。自然符号是伴随自然的进程而生的。任何被认为是自然或者具有自然属性的符号，都可以被视为属于"意义的来源"这一标题范畴。作为人类而言，我们周围环境中的动物、植物、矿物都向我们展示了其具有的自然意义，而延伸到宇宙环境中的事物也同样如此（此处人类符号系统与动物符号系统以及植物符号系统相关联）。人类并不创造自然意义，只是发现它们。例如，老鼠体表上感染了诸如印鼠客蚤的跳蚤，这意味着有可能会让人患上黑死病；马铃薯上出现真菌疫霉病菌表明马铃薯患上了马铃薯晚疫病；当发现一种物质的原子序数为79，这意味着我们发现了黄金。相较而言，依据文化创造的符号并不取决于其本质如何，而在于我们如何对其定义。

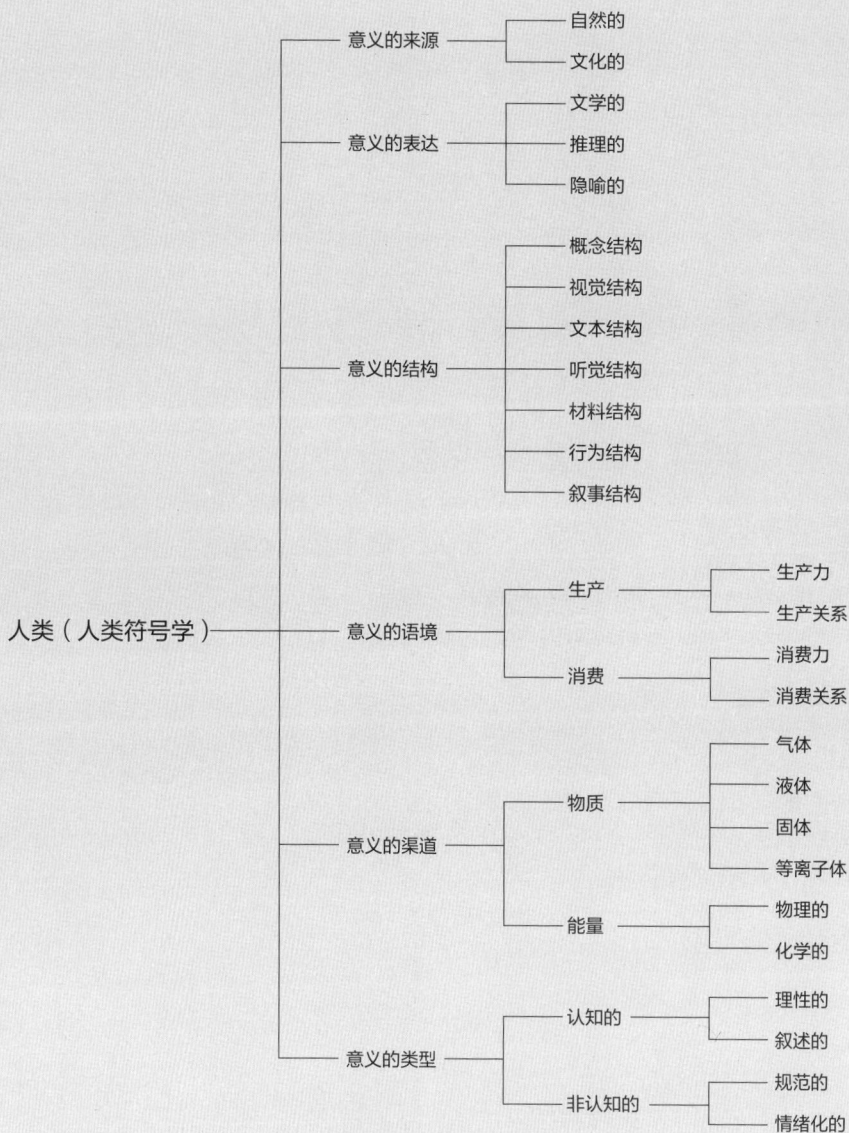

这并不是说符号总是来源于纯粹的自然或者纯粹的文化。有时候一个符号包含了自然和文化两种元素。我们可以想想用来划分彩虹颜色的方法。据艾萨克·牛顿（Isaac Newton）所说，彩虹有7种颜色。在1671年，他认定彩虹有红色、橘色、黄色、绿色、蓝色、青色以及紫色。这些颜色相应的波长大约是：

红色	650 纳米
橘色	590 纳米
黄色	570 纳米
绿色	510 纳米
蓝色	475 纳米
青色	445 纳米
紫色	400 纳米

牛顿划分彩虹颜色的方法似乎是基于自然原理，因为彩虹的波长看似可以通过科学方法来证实。然而光谱实际上是连续的，是一种颜色向另一种颜色的过渡。因此我们需要决定从何处画出彩虹颜色间的分界线。其中一种方法便是建立在我们能够用肉眼非常明显地辨别出彩虹中的这些颜色的基础上。

据此，我们应注意到彩虹有一些奇怪的特征，青色和紫色并不像我们所认为的那样总能轻易地被辨认出来。为了让大家看清这一特征，我们可以看看下面这张彩虹图片，试问你能看到多少种颜色。

有意思的是，牛顿的手稿透露出当他第一次进行彩虹实验时，发现彩虹只有5种颜色。然后在1704年出版的《光学》一书中，他又增加了两种颜色，将彩虹的颜色最终确定为7种。为什么牛顿改变了自己的想法？原因似乎在于数字7的神秘特性给牛顿留下了深刻的印象。在当时，7这个数字也正是人们认为的行星数，同时这个数字也是古人认为的象征上帝完美的数字。由于牛顿坚持认为彩虹有7种颜色，因而他赋予了彩虹神秘的特性，而且牛顿认为这本来就是彩虹所具有的特性。当然，如今的文化期待依旧让我们认定彩虹中有7种颜色，但我们应该牢记这是牛顿所创造的观点，而且这一观点并未被其他文化所接受（我们注意到人类学家发现某一文化群体，如南达科他州的苏族人对含有蓝色和绿色部分的光谱总数存有争议）。因此，我们所认同的彩虹颜色数量也许受到波长这一科学理

论的影响（这往往使得我们的决策看来是自然的），同时这也受到诸如数字命理学的神秘力量（牛顿的例子），以及我们恰好运用的颜色概念（如果我们希望区分青色和紫色，运用颜色概念我们能更容易地寻找到办法）的影响。

◎ 意义的表达（这是一种什么信息）

符号可以是文字的形式，也可以是类比或是隐喻的形式。所有这些形式都为我们提供了多种方法以使符号具有相应的意义。

有时我们有充分的理由使符号文字化，如电子产品的说明手册。倘若电子设备的说明手册包含了类比或者隐喻的说明方法，那么这种形式并不理想。倘若我们搞不清楚电子设备的某一部件该如何正常运行，那么也许会导致设备运行中断，甚至可能让我们置身危险之中。

尽管类比的手法也承载意义，但是意义的类比手法与意义的文字表达手法截然不同。无论是平淡无奇的还是令人惊奇的类比手法，都有助于我们将一层意思映射于另一层意思之中。类比可以让我们提取诸如人、位置、物体、影像、文本、思想以及理念之间的相似性。这里有两个较为显著的类比范例。如果我吃了一片切下的蛋糕，这片蛋糕吃起来美味可口，那么我会认为这个蛋糕其他部分的口味也会是如此美味。基于此观点，我可能会将这个蛋糕推荐给我的朋友。在这个例子中，我认为事物的部分（一块蛋糕）和整体（蛋糕）具有相似性。与之相反，我买了一辆新车但觉得并非物有所值。在这种情况下，我很可能会提醒其他人不要买这种轿车。在这个例子中，我在单个的轿车（一个象征性

的事物）以及同样型号的轿车（一种事物的类型）之间采用了类比的手法。

刚刚描述的类比手法如此显而易见，以至于我们难以察觉。然而，某些类比的手法就更是让人称奇——它们之间的关联或许并不那么明显。在这种情况下，一个类比也许仅能在某个十分具体的方面起作用。比如一幅人物的图画也许就是一幅漫画。在这个例子中，某个面部特征也许被扭曲和夸张地表现出来，但是总体的相似性仍旧保留了下来。下图便是把人脸比作鸭梨的例子。

由于隐喻将理念、概念、事物、图像、文字、事件之间表面看似脆弱的关联勾勒出来，因而与其

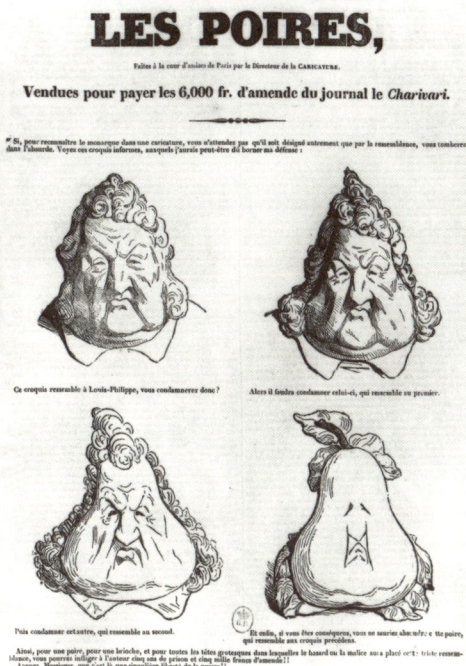

LES POIRES,

Faites à la cour d'assises de Paris par le Directeur de la CARICATURE.

Vendues pour payer les 6,000 fr. d'amende du journal le *Charivari*.

他表意方式有所不同。隐喻并不是简单地将一种事物说成与另一种事物相似（类比就是如此），而是强调这种事物即是另一种事物。我们往往会用源自社会的隐喻方式反过来反映某种社会特征。在西方国家，人们生活在一个在观念上主要依赖机械和主张消费的社会中。因此，当谈论各类话题时，我们常常用机械化和消费主义来反映这一观念。

关于隐喻的抽象和具体我们各举一个范例，看看它是如何体现其作用的。当讨论一个具体的话题时，诸如疾病，我们往往采用较为机械的术语。这使得我们会谈及对艾滋病的抵抗或与癌症病魔的斗争。其概念即是我们确实正面临一场期待征服疾病的抵抗战。当我们谈论诸如时间这种更为抽象的话题时，关于社会影响力的观点同样适用。这里，我们频频使用消费主义的术语来谈论某些事物：我们谈论利用时间、浪费时间、节约时间以及花费时间，就如同时间是像钱一样的用品，而不是它所呈现的过程。

对于符号而言，无论它是文字形式、类比形式，还是隐喻形式，表达的都是一个既定社会看似共享的观点。

◎ 意义的结构（信息是如何组建的）

符号总是用某种结构被赋予特定的意义。其所运用的结构有时能被人立即发现，这时我们可以说符号是用于交流的表面结构的一部分；倘若不能被人立即发现，我们可以说符号是用于交流的深层结构的一部分。

我们可以以讲故事为例来阐述表面结构和深层结构的不同之处。似乎所有人类，包括古代人或者现代人都会认识到讲故事的重要性。在任何一种社会中，我们会发现：民间传说、神话、传奇、格言、语录以及谜语，无论以奇闻、流言、小说、戏剧、都市传说、歌剧、肥皂剧、连环画、纪实电视等的形式呈现，还是以新闻报道的形式呈现，它们都具有相似性。由于世界上的每一种文化都普遍存在着各种故事，我们可以认为这些故事存在共同的结构特征且具有某种共通的意义。理解它们相似性的一种方法便是关注这些共同特征。

对任何读者而言，显而易见的故事元素形成了故事的表层结构。当故事开始展开时，其特征就十分清晰了。其中包括：角色（男主角、女主角、反派人物在剧情发展中的角色）；主题（爱的力量、战争的恐怖、征服恐惧、接受死亡）；剧情（杀魔除怪、白手起家、探险、航海归来、以及重生）；题材（爱情、传奇、神话、冒险、惊悚、战争、科幻、恐怖）；风格（正式或非正式）；对话（用媒介或者方言）；文学手法（象征的运用，如剑、魔杖、各种服饰）；场景（荒野、村庄、城镇）；故事的来源（第一人称、第二人称、第三人称视角或者多人叙述）；文章的时态（过去、现在或将来）。这些特征很容易辨认，观众往往能通过文字的形式加以理解。

相较而言，读者并不能立即领会的故事元素构成了故事的深层结构。深层结构很重要，因为我们借此可揭示潜在的故事含义和我们所知事物的重要性。例如，深层结构可能会说服读者相信（或者说，某些情况下说服读者质疑）诸如传统的价值观、主流的政治意识形态、现行的伦理体系、优选的社会态度、已经建立的文化规范、当前的知识结构以及现存制度性实践的价值。当简·奥斯汀（Jane Austen）在其著作《傲慢与偏见》（*Pride and*

Prejudice）中描述浪漫的爱意以捍卫某种传统观念时，古斯塔夫·福楼拜（Gustave Flaubert）正在《包法利夫人》（Madame Bovary）中对其发起挑战。

让我们简略看看另一则故事——《睡美人》，（Sleeping Beauty）以便了解结构是如何运用的。

就表层结构而言，人们认为《睡美人》是一则关于爱情的故事。男主角（王子）爱上了女主角（公主），为了能和公主结婚，王子克服了各种困难（包括来自邪恶女巫的诱惑）。如此解释，我们就会认为这篇故事用事例印证了爱情力量战胜了看似不可逾越的障碍这一主题。

然而，这篇故事的深层结构揭示了一些迥异的内涵。人们认为，它强化了主流的伦理系统（如提倡忠贞的伦理系统），以及某种占据支配地位的政治意识形态（如固化关于等级和性别的刻板意识形态）。

故事潜在的结构也许会通过不同的方式显露出来。一种方法便是对文章内容的拷问。这种拷问包含了观察到的各个方面，如用于讲述故事的正式语言特质。通过密切关注作者选择使用的词汇，我们也许起初了解的是作者本身的观点——或许某部分观点表达得十分隐晦，以及蕴含于故事中的人物角色的观点。

以《睡美人》这篇故事为例，我们可以看到这一故事特定版本中某些词汇的出现频率。在这种情况下，故事中的文字会多次描绘公主的美貌、优雅、健康、善良、友好，同时反复描绘了王子的英俊，以及女巫的自私、贪婪。作者如此叙述故事，可能是要试图通过重复使用某些词汇来强化某些传统的伦理价值观以及关于性别的刻板印象，以期能引起读者潜意识的共鸣。

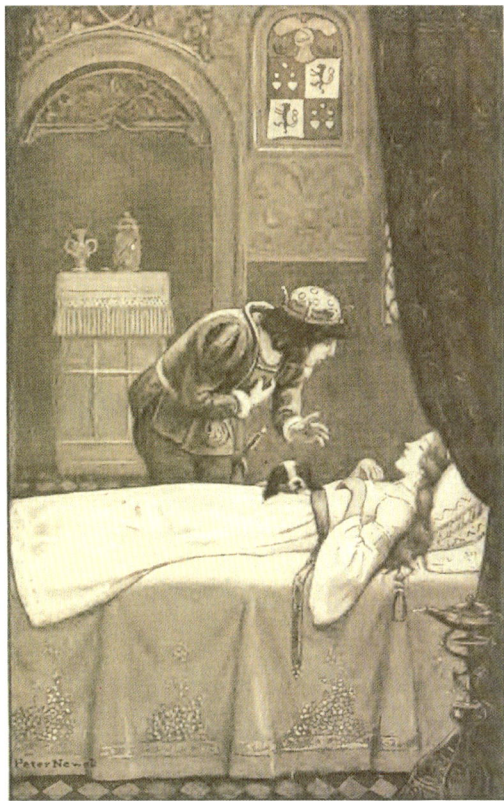

寻找《睡美人》更深层次含义的另一种方法是与其他童话故事的总体模式进行对比。一般而言，通过阅读童话故事，我们能发现它们有相同的潜在叙事特征。其中两项共同的特征是：1）男主角或女主角总是面临一项看似不可能完成的任务；2）坏人最后总是得到相应的惩罚。一旦发现这些大体特征，我们就会认识到《睡美人》的故事揭示了一种更为普遍的无意识恐惧（这种恐惧也反映在其他此类故事之中），即邪能胜正。

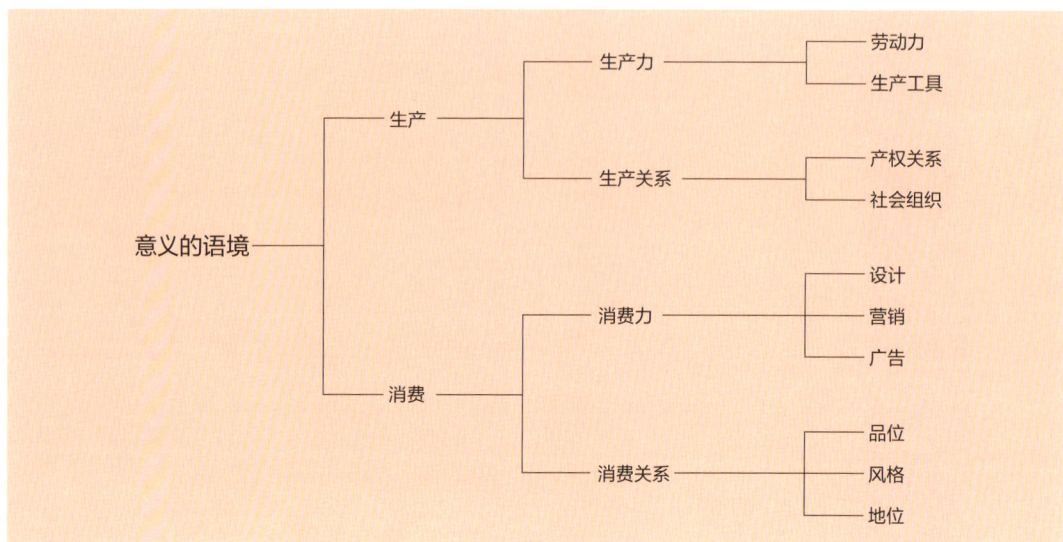

◎ **意义的语境**（信息定位于何处）

　　符号的意义来源于其生产和消费的情景。为进行说明，我将人类符号学图表中的"意义的语境"部分（参见第 5 页）扩展成一个单独的图表（如上图所示）：

　　这幅图表告诉我们，生产和消费之间的重要性的转变改变了我们通常用来分辨他人和自身差别的本质。虽然我们曾经受困于阶级和传统的限制以符合关于社会阶层的某种期望，但是这些限制已开始在新的消费社会中破裂，尤其是在西方国家。这导致我们以新的基于品位、风格以及地位（更为独立的地位形式）的差别来取代一些旧的关于阶级和传统的差别。这一现象的发生是由于构成消费力（如设计、营销、广告）的工具创造了某种消费关系（他们使得人们在彼此的品位、风格以及地位上产生新的差别）。如品位的观念（参见布尔迪厄），它使得我们通过拥护基于审美能力和教育程度的等级制度，保持了在性别、种族以及阶级上的社会差异。而关于风格的理念（参见海迪格）则帮助我们通过给予不同的生活选择方式（如选择着装）以不同的物质形式来维持特有的文化和亚文化群体。个人关于工作、财富、休闲、行为以及语言（参见帕卡德）的选择有助于维持多层次的等级形式，所有这些等级形式即是我们所说的"地位"。

　　下面所示图表简明地列出了当前社会和文化中的某些特征，这些特征赋予我们所创造的符号情境。

　　就这幅图表而论，尽管当今社会已从强调生产转移到强调消费上，但需要明确的是关于生产系统的思考以及行为并未结束。尤其在西方，他们在发展消费系统的同时仍在推动生产系统的持续发展。

	生产理念	消费理念
社会框架	传统主义	大同主义
经济哲学	功能性刚度 / 内销	市场灵活度 / 外包
占统治地位的阶级（们）	下层阶级 / 上层阶级	中产阶级
主导愿望	工作	休闲
价值体系	"做什么就是什么"	"消耗什么就是什么"
工作环境	生产至上	服务至上
生活结构	共同的文化	适应的生活方式
集体的态度	顺从的接受	怀疑个人主义
权力来源	父母 / 教派 / 国家	专家团队 / 分析师 / 鉴赏家
性习俗	婚姻契约	承诺 / 非固定关系
社会交往	本地交流	大众传媒
知识库	固有的观念	认知不确定
学习安排	学术精英	知识群体
性别原型	妻子 / 丈夫 / 工人	父 / 母 / 员工可塑性
文化认同	自我的确定	个人危机
政治承诺	国家忠诚度	跨国忠诚度

基于这个原因，我们从符号中读出的意义很容易受到原有生产系统以及新消费系统中各种方式共同作用的影响（尤其是在世界上那些生产性的社会思潮仍在社会中占据支配地位的不同地区）。

　　汽车提供了一个很好的范例。当社会从生产向消费发展时，汽车作为一个符号，其自身所体现的意义也有所改变。我们首先来看看关于汽车的生产主义观点。由于强调（大规模的）生产，轿车首先被关注的是其功能和单一性。传统的福特 T 型车就是这样一个例子。福特公司所生产的基本型小轿车价格实惠，但是其生产线程序意味着人们无法选择福特轿车的样式。正如亨利·福特曾谈及自己制造的轿车："你可以选择任何颜色的'T'型车，但是我们只生产黑色的'T'型车。"

由于福特轿车的样式全部相同，购买者在选择轿车时就不会对轿车所体现的样式、品位或者身份进行一番品头论足。

随着现代社会开始强调消费，福特轿车也有所改变。在消费型社会选择购买福特轿车并不仅仅是一项实际性决定。这是因为如今当消费者要购买福特汽车，而不是雪佛兰、本田、宝马或者劳斯莱斯时，消费者会被迫在汽车的样式、品位以及所体现的身份上做出某种决定。消费者精挑细选，购买属于自己的福特汽车，他有可能选择福特格兰纳达，也可能选择福特 Ka，或是福特嘉年华、福特福克斯、福特蒙迪欧，又或是福特银河。换句话说，消费者必须做出决定——不仅成为一个拥有福特车的

"人"，而且成为一个拥有格兰纳达、福特 Ka、嘉年华、福克斯、蒙迪欧或者银河车的"人"。简言之，强调消费引发了新的文化差异，促成了构建社会等级的替代方法。

◎ 意义的渠道（信息是如何用于交流的）

我们所制作的符号并非独立于我们用来传递和接收符号的交流渠道而存在。交流渠道十分重要，因为它们是符号的传送系统。再次借助放大的第二幅图表中的"意义的渠道"部分，我们可以向大家展示信息能在哪些渠道范围内产生。

下列图表表明我们能传达信息的渠道是多样

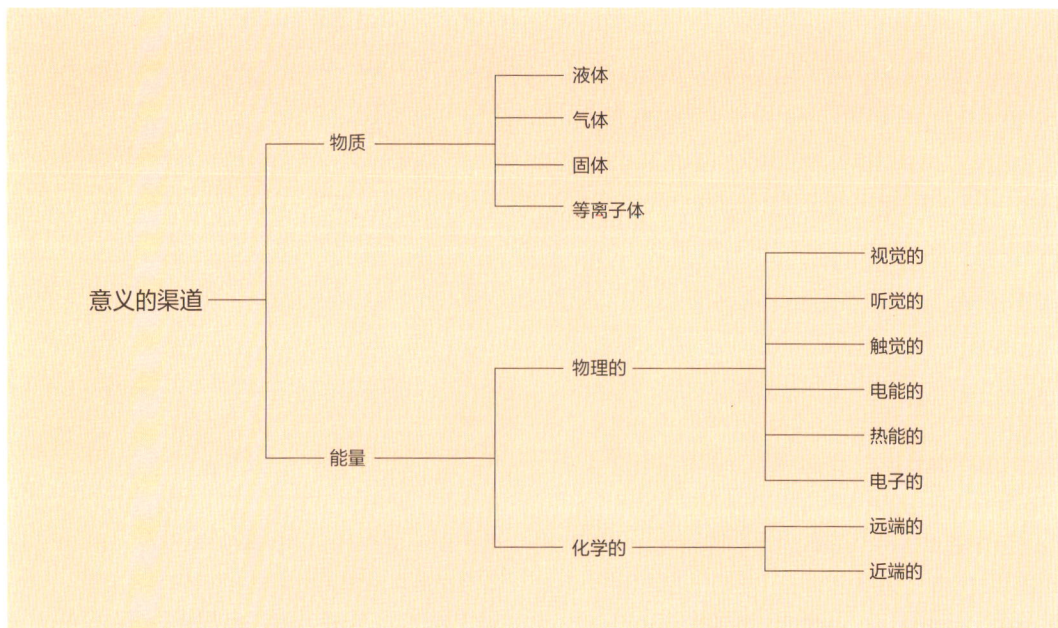

意义的渠道
- 物质
  - 液体
  - 气体
  - 固体
  - 等离子体
- 能量
  - 物理的
    - 视觉的
    - 听觉的
    - 触觉的
    - 电能的
    - 热能的
    - 电子的
  - 化学的
    - 远端的
    - 近端的

化的。而令人好奇的是正在使用的渠道，其中发生的某个变化时常会改变我们对正在发送的信息的反应方式。例如，人们之间的当面交谈（用声波）和使用电话线（用无线电波）相比感觉十分不同。此外，某人用电话和我们说话与某人通过电视和我们说话相比，前者让人感觉离我们更近，后者让人感觉更为遥远。从电视中发出的声音比从电话中发出的声音让人感觉起来更为遥远，并不因为其发音的方式有不同的特质（发音也许是一样的），而是由于电视中发出的声音并没有交流互动。意识到这一点十分重要。

当我们对比传送信息的媒介时，我们可以观察到类似的意义变化。当我们思考关于相同的音调 [如巴赫（Bach）的《咏叹调》（*Air on a G String*）] 如何能通过传送的方式发生改变时，结果是显而易见的。例如我们可进行如下对比：

1. 弹钢琴的音调
2. 哼唱的音调
3. 唱片的音调
4. 某人脑海中的音调
5. 写在乐谱上的音调

在其中的每个事例中，我们也许会说音调都是相同的，但是音调传送的渠道却各不相同。

◎ 意义的种类（信息是如何被人理解的）

符号可分为两种基本类型：一种诉诸我们的理性面（如认知），一种诉诸我们的感性面（如非认知）。

抽象的交流方式往往更多地与我们的理性相联系。我们的理性能让我们进行计算。由于理性并不总是发挥作用，我们有时候便难以关注计算结果。斯大林就非常清楚这一点。他的观点是：某一个人的死亡是个悲剧；一百万人的死亡便是一个统计数值。

具体的交流方式通常更多地与我们的感性相联系；它让我们感知事物，而且往往十分深刻。例如一些政治家意识到如果你希望得到选票，你就必须让你的选民有所感触。你不能仅仅求助于统计资料，因为人们发现统计资料难以被实实在在地感受到。

例如，在提供哪些人已经死亡的信息时，我们也许会采用抽象的理性方法或者具体的感性方法。

数据是抽象的：下面的曲线图展示了 2009 年伦敦的谋杀率增长了 75%。通过观察这一曲线图，我们可以看出有 375 人遇害。

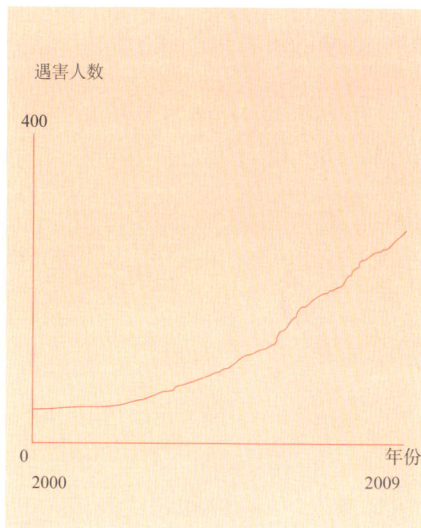

遇害人数

400

0 　　　　　　　　　　　　　年份

2000 　　　　　　　　　　　2009

故事则是具体的：下图中乖巧的小女孩名叫艾米丽，她已经死亡。她就是2011年伦敦众多遭父母杀害的其中一个孩童。她的父亲将她活活饿死。

我们没有时间去探究上页图表中所显示的伦敦每一名遇害者的故事。即使我们真正这样去做，也不大可能愿意听到他们所有人的故事。看似明确的是，虽然许多人死亡是一件十分可怕的事情，但我们很难联想到这么多人的死亡。如果我们希望对

这些人的死亡有所看法，那么我们最好将死亡的例子可视化、具体化、个人化以及有形化。如此，我们便能更容易地将这些人与死亡联系起来。

在这个例子中，我选择了一幅小孩的图片，这也许会触动你的情感。孩子是天真无邪的，也是乖巧可爱的，他们不应该死亡。这幅图被用来激发我们潜在的爱意。我在这个例子中已经给出了小女孩的名字，但这并不是她的姓氏，这使得该故事更为具体化、个人化、有形化。我也会给你们讲述一下关于她的故事。故事简明扼要，同时也是一个悲剧，看似毫无原因因她就离世了。

事实上，这则故事有个很好的结局：这个小女孩并没有死亡。这是我虚构的一则故事，因而也没什么可以再给大家讲述。只是让大家知道，她并不叫艾米丽（关于伦敦死亡人数的统计数也是我编造的）。

◎ 结　论

人类通过各种方法创造符号来引导自己的生活，从而理解了符号的意义所在。要明白这点，需要理解我们方才讨论的内容：意义的来源、意义的表达、意义的结构、意义的情景、意义的渠道以及意义的类型。正如我们看到的那样，语言符号学并不是简单地接受那些我们认为正在进行传递的意义。相反，它是对特定符号所反映出的观点的质疑、重组，有时则是转换。接下来的八章内容，我们会讨论这一具体的符号学概念，在讨论之前，这里有些简单的事例供大家思考。

以《玩具总动员》（*Toy Story*）为例。《玩具总动员》是关于两个主角的动画电影：巴斯光年

IZJAVA: JA OTAC, GOJKO GAGRO, PSIHOLOG MARINKA GAGRE ROĐ. 1963. GOD. U ZLATNICI OPĆINA ČITLUK SUGLASAN SAM DA SE UZMU PODACI MOGA SIN MARINKA U SVRHU PLAKATA ZA MIR U BORBI PROTIV RATA

UNITED COLORS
OF BENETTON.

（Buzz Lightyear）和伍迪（Woody）。

以阿森纳（Arsenal）为例。阿森纳是一家英国足球俱乐部。

以贝纳通广告牌为例（参见上图）。贝纳通广告牌是一则广告。

电影、足球以及广告是我们通常用于诠释和理解上述事物意义的情景。但它们是正确的语境吗？或许《玩具总动员》的拍摄只是为了将两位主角的塑料复制品卖给小孩。或许阿森纳足球俱乐部的存在只是为了向其球迷推销衍生商品。或许贝纳通广告牌的存在只是为社会和政治的公平助选而已。

倘若这些都是真实的，那么电影或者足球或者广告（各自的）的背景可能会受到改变。倘若它们发生变化，我们就应相应地改变对其的解读。

符号的意义也许比我们想象的更为陌生。这即是本书传达的信息。

致　谢

16

完整的参考文献见本书第 168 至 169 页。

前言：拥有生命、体验生存、引领生活之间的区别（见前言第 3 页）源于 Wollheim（1984）第 1 页。第 5 页图表关于意义的类型和意义的表达的一部分，源于 Honderich（1995）第 936 页。渠道的意义中的一部分是基于 Sebok 分类法，转载于 Eco（1976）第 175 页。我们对色彩看法的精彩讨论可以从 Deutcher（2010）中找到。在第 6 页中提及的数字 7 的神秘特质可以在 Booker（2004）中找到。类推法的示例（第 7 页）取自 Hofstadter（2007）第 149 页。在 8 页中提及的关于艾滋病和癌症的隐喻在 Sontag（1988）中有描述。11 页的表格取自 Hoch（1979）。第 12 页的图表我再次使用了 Sebok 分类法，转载于 Eco（1976）第 175 页。

Chapter 1 本章的思想是建立在 Shannon and Weaver，（1948，1998 再版），Lasswell（1948）和 Gerbner（1956）已经发表的观点基础上。在关键阶段列出 Saussure 的例子，Saussure（2003），第 15、74 和 76 页。在描述沟通轨迹时，取材于 Genber（1956），Shannon and Weaver（1949）和 Lasswell（1948）。意向（第 15-16 页）源于 Morris（1962）。噪音（第 21-22 页）源于 Sebok（1985）。

Chapter 2 本章利用了一些很有帮助的标记取自 Chandler（2002）。任何人怀疑文字说明的重要性的话应该咨询 Mijksenaar 和 Westendorp（1999）。摔跤的例子取自 Barthes（1993）。我提到过讨论翻译问题的很好的例子可以在 Hofstadter（1997）中找到。

Chapter 3 本章的引言（第 49-50 页）借鉴了 Levi-Strauss（1969）的创造性成果。主观与客观（第 57-58 页）中的一些想法源于 Nagel（1974 年 10 月）发表的观点。内涵与所指（第 63-64 页）采用了 Donnellan（1966）的区分法。问题与解决（第 67-68 页）用了 Adams（2001）的观点。

Chapter 4 本章中的许多概念吸收了 Arnheim（1974），Arnheim（1988），Kress and Van Leeuwen（2006）和 Van Leeuwen（2005）的精彩讨论。

Chapter 5 在引言中（第 89-90 页），对于不同人口词汇量大小的估计可以在 Aitchison（2002）第 7 页中找到。文字与图像（第 93-94 页）的区别引用于 Barthes（1977）。功能（第 95-96 页）引用自 Jakobson（1969）。放置（第 99-100 页）采用了 Lidwell，Holden 和 Butler（2003）的观点。声音（第 103-104 页）被 Goddard（2002）的观点所启发。互文性与内互文性（第 105-106 页）和派生文本和辅助语言（第 107-108 页）的想法产生于 Jackson（1999）and Adair（1992）。

Chapter 6 在引言中（第 109-110 页）引用了 Butler and Keeney（2001）的观点。概念与见解（第 111-112 页）采用了 Putnam（1993），这部分内容根源于 Frege。他的核心观点可以从 Beaney（1997）中找到。本意与表意（第 113-114 页）源自 Fiske（1990）。组合与替换（第 117-118 页）和表征与类型（第 119-120 页）受到了 Wittgenstein（1953）的激发。惯例（第 123-124 页）是借鉴了 Bowker and Star（1999）的思想，以及 de Duve（1996）的一些评论。理解和误解（第 127-128 页）采用的一些信息源于 Varasdi（1996）。

Chapter 7 类型（第 133-134 页）和风格（第 135-136 页）受到了 Van Leeuwen（2005）的激发。话语（第 141-142 页）采用了 Fiske（1990）的观点。

Chapter 8 现实与虚构（第 149-151 页）采用了 Varasdi（1996）的观点。传奇（第 153-154 页）采用了 Dale（2005）和 Harding（2005）的观点。性格与角色（第 155-156 页）使用了 Marquart（1998）and Lidwell，Holden 和 Butler（2003）的观点。迷思（第 159-160 页）采用了 Barnes（1995）的想法。转折点（第 163-164 页）的初始想法源于我听到 John Le Carré 在国家电影院场采访中的论述。

目　录

符号和符号的使用

对于我们如何理解这个世界，观点众多。其中一种观点认为，这是一个独立的、既有的世界，我们所设计的符号和沟通系统使我们与这个世界融为一体。这一观点认为，通过模仿或表达世界，我们可能"再造"世界的种种——广义上讲，这就是我们所说的"语言"。

关于沟通系统如何产生作用，以下表格展现了一种相当单纯和简单的观点，其中一个问题是沟通系统本身对看待世界的方式会产生影响，而且还能改变或者增加这种影响。在符号学领域，人们认为我们设计的沟通系统事实上在某种程度上表达或指导，我们如何看待这个世界的方式。换言之，这个世界并不是可以通过各种沟通系统就能直接理解的，需要通过各种沟通系统调节。系统本身往往会改变我们对世界的本来面貌的认识，有时这样的改变会相当激进。

大体说来，这是首位符号学家弗迪南·德·索绪尔（Ferdinand de Saussure）的观点。对于他来说，沟通系统——尤其是自然语言，并不仅仅是命名和区分作为"现实"部分的那些事物。然而，自然语言也有其社会属性，体现在他们的组建方式上。对索绪尔来说，符号由两层元素组建成体系：能指和所指。从根本上说，这就是同一枚硬币的两面，能指就是携带信息的沟通部分（如由一个语音产生的某种模式，诸如单词"房子"）；所指即是通过语音进行沟通的内容（如房子的概念）。显然，语音和概念的结合是为了不得不通过说出（或者写出）"房子"这个单词来表明房子的存在。

本章将呈现索绪尔对于能指和所指的区分在本章节中有所表明，另一位有重大影响的人物查

人类沟通系统	通信形式	世界
语言	描绘	现实
句式 / 语句 / 句型	匹配	思想
单词	例证	事实 / 价值
演讲	反映	意见和感觉
手势	反射	信念和情感
概念	归类	具体 / 抽象的观点
象征	具体表达	意义
图像	表现	事物
地图	描述	空间关系
图表	制图	视角
数学公式 / 方程式	模拟	关系
统计	测量	数量

1

符号和符号的使用

尔斯·桑德尔斯·皮尔斯（Charles Sanders Pierce）的著作同样如此。对于皮尔斯来说，符号有三要素：表现物、诠释和指涉物。我们可以这样指称它们：

1. 符号载体（沟通的中介）
2. 意义或含义
3. 标记

例如，我可能会指着一幅行星的图片或者说出单词"启明星"。通过使用图片或者短语（沟通的载体），我很清楚地表达我在谈论的是这颗日出前出现在东方的行星。这颗行星就是金星（这就是标记）。

皮尔斯也对符号的三种基本模式进行了区分：记号、指号和象征。尽管索绪尔将会对这三种模式进行注释，但我们也会在本章节的条目中对其进行解释。

以索绪尔以及皮尔斯的理论为鉴，本章节将探究不同信息从发布人传播到接收人到再次返回的行程类别。对这些过程的分析有助于帮助我们理解可能会发生什么以及确实会发生什么，从而使得沟通成功或者导致沟通失败。以下是关键步骤的某些范例：

	沟通渠道	关键符号概念
1. 指涉物为基础的沟通	设计者	发送方（谁）
	设计真空吸尘器的希望	意图（以什么样的目标）
	他设计了一个非常有效的真空吸尘器	信息（说什么）
	这个设计是采用塑料和金属制成	传播（通过何种途径）
	它在商店售卖，没有说明书	噪音（干扰项）
	买主购买它	接收者（给谁）
	买主试图使用该产品，但失败了	目标（有何效用）
	买主索取说明书，使得他可以操作该产品	反馈（有何反映）
2. 图像为基础的沟通	画家	发送方（谁）
	想画一幅肖像	意图（怎样的目标）
	他画了一幅肖像，像那个坐着的人	信息（说什么）
	用水彩在纸上作画	传播（通过何种途径）
	这幅画悬挂在人造光照耀下的画廊中，从而改变了画的颜色	噪音（干扰项）
	观画者欣赏画作	接收者（给谁）
	他将这幅画悬挂在壁炉上，看起来很不自然	目标（有何效用）
	这幅画光线太少，于是观画者将它重新悬挂在窗户旁	反馈（有何反映）
3. 文本为基础的沟通	作者	发送方（谁）
	旨在生成关于符号学的文本	意图（和什么样的目标）
	他写了一本书来解释该问题的复杂性	信息（说什么）
	这本书印刷成册了	传播（通过何种途径）
	产生印刷错误	噪音（干扰项）
	读者读到它	接收者（给谁）
	没有发现印刷错误，读者被弄得一头雾水	目标（有何效用）
	错误被纠正，读者不再感到困惑	反馈（有何反映）

这幅画里的苹果意味着什么？

这幅画里的苹果意味着什么?

这幅画由卢卡斯·克拉纳赫（Lucas Cranach，1472—1553）创作而成，描绘了伊甸园中的亚当和夏娃。画中的苹果代表智慧之树的果实。撒旦化身为毒蛇，用苹果诱惑夏娃。夏娃摘下一颗苹果交给亚当。在上帝眼中，亚当和夏娃这样的行为就是堕落。

人们很容易臆断夏娃受到苹果诱惑的图像在圣经故事中有精确的记录，但是圣经中并没有提苹果。尽管提及水果，但并不是苹果。因而也有可能是橙子或是无花果诱惑了夏娃。

重要的是，克拉纳赫画作中似乎是用苹果（我们称之的"能指"）这种水果来代表诱惑（我们称之的"所指"）。然而，虽然苹果意味着诱惑，但其他一些水果也能被选来代表同样的含义。这只是因为我们思维中已固定了苹果的外观与画作中用这种水果进行引诱的想法之间的联系。就沟通而言，这样的联系使得这幅画作十分成功。

能指和所指之间的关系众多，其中有两个重要的关系尤其引人注意。一是同样的能指可以对应不同的所指；另一个就是不同的能指可以对应相同的所指。

以下三个范例说明了同样的能指对应了不同的所指：

能指		所指
苹果	意味着	诱惑
苹果	意味着	健康
苹果	意味着	水果

然而，接下来的三个范例，不同的能指（取决于讲的是英语、法语或者德语）产生了同样的所指：

能指		所指
Apple（英语）	意味着	苹果
Pomme（法语）	意味着	苹果
Apfel（德语）	意味着	苹果

你能弄清这些圆点的意义吗？

6

你能弄清这些圆点的意义吗？

这些符号是由盲人点字法写出来的。为了解释这些符号的含义，你必须明白每一组圆点代表着一个字母，它们依次排列组成一个单词。在这个例子中，单词为"blind"（盲）。"blind"是其含义的载体，是能指。而另一方面，该单词的含义是其所指（比如，失明的人）。

人们通常认为符号由两个密不可分的方面组成：能指和所指。其中有趣的是能指和所指之间的关系存在着随意性。例如，为了谈论某种毛茸茸的四脚家畜，我用"dog"（狗）这个单词时，使用了一个任意的能指。其发音是由单词"dog"拼成。我们谈到这种动物时，"dog"（狗）这个发音本质上并不比"sog""pog"或者"tog"更好。所有这些单词本来都能用于表达"会汪汪叫的四条腿家畜"。我们只是碰巧使用了"dog"这个单词而已，然而德国人却选择了单词"hund"，法国人则选择了单词"chien"。

我们用以交流的很多符号是随意的，也就是说，这些符号的意义对我们而言并不是一目了然。符号根植于语言中，因此，想使用它们，就必须学习语言规范。然而人们一旦学习了这些规范，通过使用符号传达意义往往也就变得自然而然。但是，我们自然地思考这些含义其实是在变相地伤害自己。因为看起来往往十分自然的事物只是不同的文化习惯和成规的产物，同时它已根深蒂固到我们无法察觉的地步。

这是什么物体?

这是什么物体？

这是因纽特人的地图，由木头制成。与其说这是视觉的地图不如说它是触觉的地图。因纽特人戴着手套握着这种地图，通过手指感受地图的轮廓，从而辨别海岸线形态。这种地图的优点在于它能在黑暗中使用，不受天气影响，如果你把它们扔进水里，它们还会漂浮在水面上，可以在任何温度下使用。这种地图也比印刷的地图的寿命更为持久。

尽管因纽特人的这些地图十分抽象，但它们仍与海岸线的形状相像。虽然一些地图参照了当地的地形，以相当精确的方式呈现出来，但另一些地图却做不到。当关于环境的详细信息以抽象的方式呈现在地图上，我们往往会说这个地图是示意性地图，而当一幅地图以更为具体和精确的方式呈现这个世界时，我们说这是地形性地图。

就任何图符，其能指和所指都存在相似度，相似程度可高可低（正如我们刚才看到地图的例子）。这里还有一些例子。例如肖像画可以看起来非常像真人，也可以只有一点像——如果足以辨认，也就足够。

这里有一些能指和所指之间的相似性关系的例子：

能指		所指
素描	类似于	描绘的地点
黏土人雕像	类似于	描绘的人
彩色照片	类似于	描绘的物体
音效（脚步声）	类似于	脚步声
有机化合物	类似于	玫瑰花的香味
化学组合	类似于	奶酪和洋葱的味道

照片中的女人怎么了?

照片中的女人怎么了?

　　辛蒂·雪曼（Cindy Sherman）拍摄的这张照片中的女人看上去好像已经死了。

　　具象照片带来一个问题，即使具象照片是伪造的，它看上去却像是真实的。这张照片体现了我们对于一个有关死亡影像的感受同电影本身的差别，这种差别是非常真实而又难以理解的。这张照片也提出了另一个问题，即在某些特定的例子中，我们如何分辨上述两者之间的差别。

　　当能指（照片本身）和所指（照片中所描述的）之间具有实体关系或者因果关系时，其存在的非随意性关系具有指示作用。

　　其他关于指示性关系的例子如下所示：

　　仅是基于生存目的，我们能辨明能指与所指的随意联系就很重要。例如我们需知道烟意味着（其引发原因通常是）火，温度计的变化意味着（其引发原因通常是）温度的上升或下降。我们可以看到觉察到这样的联系十分重要，错误的判断很可能让我们置身于致命危险中。

能指		**所指**
黑眼圈	引起原因	被拳击中
温度计改变	引起原因	温度上升或下降
烟雾	引起原因	火
皮疹	引起原因	感染
敲门	引起原因	某人在门外
风向标转动	引起原因	风
滴答声	引起原因	时钟
照片	引起原因	真实场景
电话录音	引起原因	某人说话
防御性姿势	引起原因	情绪态度（如害怕）
书法	引起原因	某人写字

这个象征符号有什么含义？

这个象征符号有什么含义？

上页的象征符号看起来像纳粹所用的记号。事实上，这是古印度的记号。在印度教和佛教文化中，这种记号代表好运。在印度人的记号中，"L"形是反向的，与纳粹的记号并不相同。

人们常说纳粹的"卐"字记号是一个影响力很大且令人不安的符号。"symbol"（象征符号）这个单词在希腊语中意为"拼凑在一起"。在符号学语意中，一种事物可以通过与其他事物"拼凑在一起"这种方式创建一种关系，从而以第一个用符号表现出第二个。这里有一些常见的例子：

象征符号	含义
天平	公平
鸽子	和平
玫瑰	美丽
狮子	力量

人们创建的这些象征符号，其含义与事物本质存在一定的关联性：平衡对于公正十分重要；鸽子是和平的生物；玫瑰是美丽的；狮子是强壮的。然而，有一些象征符号与其自身的含义关联并不明显：

象征符号	含义
剑	真理
百合花	纯洁
山羊	情欲
宝球权杖	君主制和统治

就这些例子而言，如果我们想要理解这些象征符号，我们就需事先了解这些符号代表着什么。仅仅看看这些象征符号我们并不能理解它们。在符号语言学中，单词"symbol（象征符号）"在特殊层面上被使用，在字面上，意思是具有能指和所指之间任意关系的记号。换句话说，如上所示，它比传统意义上的单词"symbol（象征）"指代更为宽泛。以下这些也是符号学里的象征符号：

能指		所指
握手	任意关系	问候
黑领结	任意关系	正式场合
哔哔声	任意关系	电话需要应答
海盗旗	任意关系	危险
奶酪	任意关系	用餐结束
单词"cat"	任意关系	猫

是谁发送了这条信息？

我是黑人。

我六岁了。

我是孤儿。

我是非洲人。

我是穷人。

我是个骗子。

> 我是黑人。
> 我六岁了。
> 我是孤儿。
> 我是非洲人。
> 我是穷人。
> 我是个骗子。

是谁发送了这条信息？

这个对话框中的五个句子提供的信息有助于我们勾画出是发送信息者的基本轮廓。信息告诉我们这人是谁，他年纪有多大，来自何方，生活如何。

然而，最后一句话似乎有些异常，而且可能促使我们产生一些问题。发出这条信息的是一个撒谎的孩子吗？整条信息是不是都是谎言？这条信息是真实的吗？或者它只是一段编造的话？

一个六岁的黑人小孩不会写出对话框中的这些句子。这些句子是本书的作者所写。这是真正的信息发送者，即作者，由于某个特殊的原因而选择写这些句子的吗？他是否只是利用这些句子来表明真实的作者（他本人）与作者化身（他可能装扮的人）之间的不同之处？或者这些句子还有其他的一些含义隐藏在字里行间？

推敲下面这个对话框中的内容：

> 我是一位作家。
> 我四十五岁。
> 我不是孤儿。
> 我是英国人。
> 我不穷。
> 我不是骗子。

这些句子给我们提供了关于另一个假定人物极其重要的信息。但是，我们会再次问道："这人是真实的还是虚构的？"

信息自称的来源有别于信息真实的来源，记住这一点非常重要。前者是我们所称的"说者"（addresser）。它由组建的信息构成，或许是真实的，也可能是假想的。另一方面，后者即是我们所称的"发送者"。它由源自真实人物发出的信息构成。当然，我们是否总是可以分辨两者的差别就另当别论了。

你对这幅画有何感想？

你对这幅画有何感想?

尽管我们在评判某幅图画、某个事物或者某篇文本时,应将其与制作者的意向分开来看,但这在实践上很难实现。推敲前一页中的那幅油画,就其创作者而言,有若干可能性。它可能是由一个成年人、一个孩童或者一台机器完成。可以确定的是,倘若我们能发现是谁绘制了这些图画,那就能影响我们评判它的方式,无论这种影响是否应当出现。

事实上,一只名叫刚果的黑猩猩绘制了这幅画。一旦你知晓这件事,就很难再以同样的方式看待这幅图。刚果的一生完成了大约 400 幅素描和油画。刚果是行为学家德斯蒙德·莫里斯(Desmond Morris)的研究对象,莫里斯研究的是猿类拥有的创作素描和油画的能力。莫里斯认为,创造力的基础实际上可以在猿类的油画中得以识别。他声称,在猿的绘画中,其结构感、笔触的形成以及美感显而易见(即使这只是在最低层次)。

现在,试想刚才我撒了一个谎。假定这幅画由一位知名的艺术家创作而成,你也许会认为(人类)艺术家的这件作品能以巨资卖出。一旦我们知道这幅画是由人类而非猿类创作,我们是否会开始另眼看待?我们是否会解读这幅画中之前并不存在的人类意向和情感?我们是否也能发现这幅画中拥有之前未曾出现的美学特质?是否发现了这幅图画拥有之前未曾体现的商业价值?

无论你如何看待这件作品,无论你是否想对创作它的人或物做出判断,想要不受我们自身隐性意向的影响去评价它都是很难的。

这条信息究竟表达了什么?

18

这条信息究竟表达了什么？

这条信息表达的含义似乎显而易见，是在说作为人类，购物使我们认识到我们是谁，我们是什么。

或许这条信息还有更深层含义。要明白其深层含义，我们需明白"我消费故我存在"来源于17世纪法国哲学家勒内·笛卡尔（René Descartes）的"我思故我在"。

笛卡尔是现代哲学的第一人。他深信要建立一个知识系统就必须从哲学的第一条原理开始。为寻求自己哲学思想的稳固基础，他使用了自己所称的"怀疑法"，即包括试图怀疑一切可能怀疑的事物。这使笛卡尔总结出他唯一可确定的一件事，就是这句著名的"我思故我在"（cogito ergo sum）。"我思"（cogito）背后暗含的思想是这样的：

如果我思考，说明我确实在思考。

如果我怀疑我所思考的，同样说明我确实在思考。

因此，无论如何，我都在思考。

"我思故我在"和"我疑故我在"对于笛卡尔来说都同等正确，因为怀疑也是一种思考。这促使笛卡尔总结出我的本质就是"思考之物。"

这条蕴含更为深刻含义的信息"我消费故我存在"，其深层含义也许是这样：一旦我们通过获得的深刻哲学思维活动来努力维护我们的信念体系基础，那么我们现在就可依靠琐碎和看似平庸的购物活动来告诉我们：我们是谁，我们是什么——这的确富有讽刺意味。

我们几乎无法想象一个没有广告信息的世界。但是我们可以花点时间去思考一下，倘若这个世界的所有广告都消失了，那么我们如何看待这个世界。

蒙娜丽莎画像是如何传达信息的？

蒙娜丽莎画像是如何传达信息的？

信息都是通过媒介传达。媒介携带信息从发送方到接收方。媒介可能是：

表象的：借助声音、面容（或者面容的部分，诸如嘴巴或者眼睛），或身体（或身体的某些部位，诸如手）。

具象的：借助油画、书籍、照片、素描、文字作品和建筑。

机械的：借助电话、网络、电视、广播和电影。

蒙娜丽莎画像借助所有这三种媒介来传达信息。它使用了面部表情这样的表象媒介，油画（以其最初形式）这种具象媒介以及网络和电视（以其数字化形式）这种机械性媒介。

蒙娜丽莎神秘的表情时常被人们提及。为了解这个表情如何传达信息，我们可以思考以下这两幅图：

在这两幅图中，眼睛的形状、色调以及位置都相同。是什么使第一幅图中的眼睛看起来高兴，而第二幅图中的眼睛看起来悲伤，是嘴。嘴是情绪的传达者；眼睛本身并没有表情。

因此，尽管我们知道蒙娜丽莎的魅力在于她温柔的微笑，但我们可以从中得知，关于脸的高度抽象的图画很少是通过眼睛来给我们传达信息。归根到底，这似乎说明眼睛并不是心灵的窗户。心灵之窗应该是嘴。

我们应该如何向后代传达危险信号？

我们应该如何向后代传达危险信号？

想象一下，你需要将现在的危险信息告诉远在两千年后的后人。要知道，商业核燃料的后期处理能让数千加仑的有毒放射性液体在未来千年甚至数十万年之后依然有害。倘若我们不告诉后代这些核废料在哪里储存、如何存储，那么他们很有可能因为缺乏对这种剧毒物质的警惕，处于极度危险之中。

向后人预警看似并不难，但实际却并非如此。这是因为经过漫长时间的洗礼，信息很容易受到无意的扭曲或者发生改变（信息的传播在含义或方式上发生的扭曲或者改变，无论是否有意为之，都被称为"噪音"）。无论是书面还是口头语言，总是无时无刻发生改变。符号的含义往往会随着时间的流逝而丧失殆尽。事实上，大部分信息的意义都是被紧紧限制于特定的时期与地点的，甚至在很短的时间内，这些信息就可能无法被理解。因此，如何确保当前的信息能被后人顺利地解读是个难题。

如何传递核危险的信息并不是唾手可得的。也许我们可以使用文字、图片、数学符号、气味和声音来帮助我们进行传递。如果这些核废料储存被人们偶然发现，也许我们可以创造一种文化来传播一些必要的流言以打消人们对这些存储系统性质的一切好奇心。然而这样的前景看起来却是黯淡无光。即使我们提供的信息在当前看来是清晰和准确的，它仍有可能被人曲解。我们都明白，信息的曲解可能导致灾难的发生。

你对他了解多少?

假设一位祖父
对孙女说:

"我没有吃祖母的
巧克力蛋糕。"

假设一位祖父对其孙女说：

"我没有吃祖母的
　　巧克力蛋糕。"

你对他了解多少?

你会像如下其中一种方式进行理解吗?

我没有吃祖母的巧克力蛋糕。
（保罗吃了祖母的巧克力蛋糕。）

我没有吃祖母的巧克力蛋糕。
（我坐在祖母的巧克力蛋糕上。）

我没有吃祖母的巧克力蛋糕。
（我吃了苏珊的巧克力蛋糕。）

我没有吃祖母的巧克力蛋糕。
（我吃了祖母的水果蛋糕。）

我没有吃祖母的巧克力蛋糕。
（我吃了祖母的巧克力饼干。）

我们如何理解这条信息取决于我们如何解读它以及我们认为谁才是这条信息的接收者。这条信息表明它是发送给某个孙女。然而，孙女实际上是一个虚构的角色。接收这条信息的人就是符号语言学这本书的读者（也就是你！）。这就是为什么在符号语言学中，"接收者"（receiver）（实际接收到这条信息的人）和"听者"（addressee）（信息所谓的目标对象，他可能真实存在，也可能是虚构的）之间存在着差异。

下面是一些与不同发送者和接收者进行交流的常见例子。

在所有这些例子中，信息在特定环境下借助特定的物体在某个发送者和接收者之间传播。发送者的目标是确保信息能够正确传送至接收者，而不产生任何错误。

发送者	传播	接收者	环境	客体
作者	信息	读者	著作	一本书
表演者	信息	观众	戏剧	一部剧
生产者	信息	消费者	零售	几件衣服
制造者	信息	使用者	设计	一件家具
画家	信息	观看者	艺术	一幅画
歌手	信息	听众	音乐	一首歌
传达者	信息	接收者	技术	一部电话

你对这张照片有何感想？

你对这张照片有何感想？

这幅照片拍摄于 1963 年 11 月 24 日，一个星期天。它向我们展示了李·哈维·奥斯瓦德被杰克·鲁比谋杀的情景。据说李·哈维·奥斯瓦德于 1963 年 11 月 22 日杀害了约翰·F. 肯尼迪总统。然而，这次暗杀行为仍旧陷于众多阴谋论之中。

李·哈维·奥斯瓦德枪杀案与肯尼迪总统遭遇暗杀是众所周知的历史事件。但我们对这两个历史事件的看法根据历史学家（以及阴谋论者）的说辞而发生变化。例如，在你发现奥斯瓦德杀害肯尼迪之前，也许你会认为他的遇害是可悲的。你或许会认为奥斯瓦德并不是真正杀害肯尼迪的人，因而他被鲁比杀害并不公平。或者，当你发现鲁比可能就是一名黑帮成员，或是情报人员，又或是三流小混混，他仅仅是出于道德上的愤怒而枪杀了奥斯瓦德，那么这次枪击兴许就显得让人格外震惊。

当这张照片中的信息被成功地破译和阐释时，我们可以说它到达了目的地。目的地是信息传送旅途的终点。在符号语言学中有这样一个问题，信息抵达终点时并非总是与发出的时候一致。因为信息可以在传送途中被改变，这就是问题所在。这取决于信息的质量，或者信息的意旨模糊，或者途中有意无意地传送失败，这样的问题都会发生。在本案例中，我们对其进行破译以及解释信息的能力很大程度上取决于我们对李·哈维·奥斯瓦德谋杀案周围的这些历史事件的所知，以及我们的判断方式。

你如何打开这扇门?

你如何打开这扇门？

当门上有大大的指示牌告知"推"的时候，即使非常聪明的人有时也会去拉门把手。倘若这种错误的滥用与智力无关，那为什么会发生这种事情呢？问题的发生是由错误传达所致。门把手看起来似乎就应该是被拉动的，因而人们往往会去拉动它。本案例中，门把手传达的信息设法压制住了指示牌的存在。这里的单词"推"应该是充当反馈机制的角色。针对那些没有接收到"推"这一信息的使用者。但这往往会失效，因为门把手给了我们某种视觉和触觉的暗示，向我们暗示了拉动的行为。我们可以通过在门上同样的位置放置一块平坦的金属面板（取代门把手）来解决这个问题。现在不能再进行拉动的动作了，因此我们会了解这扇门必须是被推开的。

当信息似乎以错误的形式传达到终点时，反馈机制就显现出来，信息接收者便可以得到纠正。正确的反馈允许我们调整自己对正在传输的信息的反应。反馈往往很有用处，因为它可以改变我们自认为正确信息的传递。

这里有一个例子。当一件事物传达了错误的信息给它的使用者时，那么一场事故就有可能发生。一名妇女想爬到高高的货架上，她需要踩上一个低矮、平稳、坚硬的台面。她爬上了一张孩童用的塑料桌子，这张桌子看似具备了这些特征。结果这张桌子折断了，女人摔了下来，受了很严重的伤。这张桌子具有所谓的功能可见性 [单词"功能可见性"（affordance）指的是这些性能，包括实际和潜在的属性，这些属性能决定一件事物看起来应该如何使用的可能性，而不管其设计者是否意在此用法]。本例中，这张桌子看起来似乎可以用于攀爬。这也是这名妇女所做的，然而造成了事故。

这条小孩桌子发出的信息能够通过使用反馈机制得以纠正。例如，反馈也许可以由贴在桌子顶部的标签组成，上面写着："这张桌子不能承受人的体重。"这样一个简单的标签就可能预防事故以及随之而来的任何诉讼。

我们应该注意到反馈可以采取多种形式：安全带的咔嗒声表明它已被正确使用；某个网站以提醒的形式表明我们忘记填写部分表格；哨声提醒我们水壶中的水开了。

2

意义的表达

有时候我们说的恰好是我们想要表达的意思。假如我饶有兴致地欣赏一幅画，然后评价："色彩非常明亮。"我所说的可能从字面上看是真实的。也许是因为色彩的确很明亮我才做出这样评论，但我说的并不总是我真正想表达的意思。这是因为当我说，"色彩非常明亮"，可能是一种反讽的方式。反讽改变了语言的本来意义。我语调中的讽刺表明我想表达的真正的意义是觉得色彩枯燥。如果我说"这幅画的色彩枯燥"，可能暗示我不满意或不喜欢这样的画。如果我语带讽刺，那么就是意指其他。

当我们需要清楚和明确地表达某事时，文字非常重要。说明书无论是口头的还是书面的都需要文字，警示信息和测量结果也是如此。这些事物都是文字，因为它帮助人们避免隐患和防止错误的发生。

然而文字是有层次的。当我们把单词或短语从一种语言翻译成另一种语言时可以看到这些层次。例如法国著名小说家马塞尔·布鲁斯特（Marcel Proust）的小说 *À la Recherche du Temps Perdu*。其中有两种被认可的英语译文：

1. *In Search of Lost Time*（追寻逝去的时光）
2. *Remembrance of Things Past*（逝水年华）

相比第二种译文，第一种更直白、更准确。

从这个意义上我们可能会说，第一种翻译更好地反映了法语的本意。然而，第二种译文是来自莎士比亚第十四行诗 XXX 中某句话，没那么直白，但在某些方面更富有诗意。此类翻译表明，直译的准确性有时能被其他因素战胜，如简明、清晰、雄辩、高雅或在更有时代感的习语中呈现事物的要求等；所有这些都可能会以微妙或深刻的方式来改变原意。

这些译文说明当我们试图复制某件艺术品、某项设计、某段音乐作品、某部小说、某首诗歌或散文时，意思很可能发生变化。无论我们是有意还是无意，翻译、抄袭、改述、复制、改编、致敬或悼词都会有这种情况。而看似轻微的改变，可能使所呈现事物的意义发生微妙的变化。

正如我们所看到的：参与文字表达很重要，然而参与非文字表达同样重要。因此广告机构、诗人、喜剧演员、制片人和画家经常使用非文字交流。毕竟越是需要我们费力理解的事物的真相才更加迷人。非文字表达可能使我们更努力地破译真正的含义。

字面想要传达的意义有很多方法来表达，然而也有很多言不达意的情况。奇巧的明喻或奇异的隐喻，巧妙的换喻或真正的讽刺，小小的谎言和确实的不可能，不寻常的叙述和奇妙的陈述，这些都是符号学研究者的兴趣所在，让我们从非字面完成意义的表达。这种非文字形式的表达常常很有用，因

❷

意义的表达

为它让熟悉的事物看上去陌生，让陌生的事物看上去熟悉。

罗兰·巴特（Roland Barthes）是符号学领域中一个关键性的人物，他能让熟悉的事物看起来陌生。他通过捕捉大众文化和日常生活中极其平凡的表象而揭露它们的隐含意义。其中一个最有名的例子是对摔跤的讨论。摔跤是运动的一种，这是我们通常赋予它的意义。然而巴特认为尽管看上去如此，但它却不是运动。首先，这种说法显得很新奇，而且确实错误，人们想了解他为什么会这样认为。最终大家接受了他的这样一种貌似合理的说法，即以某种截然不同的方式思考摔跤。巴特认为，与其说摔跤是一项运动，不如说是种壮观的道德故事形式。真正的摔跤是两名选手分别代表善与恶的角色。从这个意义上说，摔跤更像一场希腊戏剧、哑剧或木偶剧表演。它的存在是为了传达如何进行道德战役且如何保证以善战胜恶而告终。

在这一章中，我们将对可用于生成非文字种类含义的众多策略进行检验。关键概念包括明喻、隐喻、换喻、提喻、反讽、谎言、不可能性、描绘和表现。所有这些概念都十分重要，因为这些概念能帮助我们对物体、图像和文本的意义产生新的深刻见解。反过来，这也能让我们对绘画、设计、广告、插图、制片、时装和新闻等学科的意义产生更多的共鸣。

哪三项最相似？

哪三项最相似？

答案取决于什么让你感兴趣。我们可以选择三种形状相同的，三种大小相同的或是三种颜色相同的。

当我们把一个事物比作另一个事物时，会倾向于突出我们感兴趣的特征，而忽视那些我们不感兴趣的。把某一事物比作另一事物称为明喻。明喻是对两个不同物体、图像、理念或相似物进行比较的陈述。在日常生活中，我们经常不经意地使用到明喻。它们经常用于修辞（例如像蜜蜂一样忙碌，像门钉一样死板，像煎饼一样平或曙光撕裂了黑暗）。明喻并不局限于口头交流，它们也常用于视觉传达。例如，将灯泡的图像置于一个人头顶，代表他有了一个主意，或是利用心的图案代表爱，都是众所周知的视觉明喻（这些都是老生常谈）。

艺术家和设计师们总尝试发现新的明喻。例如刺猬不是刷子，但它的硬刺就像刷子的刷毛。思考的过程或许是这样：

第一事物	连接属性	第二事物
刺　猬	硬　刺	刷　子

这个明喻很有启发性，因为如果刺猬很像刷子，意味着我们可以设计一种像刺猬的刷子。有用的明喻使我们通过与另一个物体或图像的某一属性和特征做出联系，以新的眼光去看过往的物体或图像。

这个等式是如何成立的?

 =

这个等式是如何成立的？

隐喻是关于拥有共同特性的两个相似或相异的事物之间暗含的比较。在明喻中我们会说 X 像 Y，而在暗喻中，我们会说 X 是 Y。

物体、图像和文本都可以用来制造隐喻。当把熟悉和陌生的事物联系起来时，隐喻往往才是最有趣的。它引发人们关注一种方式，即通过熟悉的事物 X 可以看到陌生的事物 Y，来表现出两个事物之间出乎意料的相像特质。隐喻是一种转移的过程，这种转移的过程表明 X 从字面上看没有特定的属性，但可以用隐喻的方式拥有这种特质。

一旦起作用，隐喻也可以有很强的说服力。下面的图式显示了上一页的隐喻如何说服我们接受该产品的品质述说。

这里有一种答案：

能指		相关概念		所指
人	=	抽象概念	=	物体
（如：卡罗尔·布盖）		（如：美丽和优雅）		（如：香水）

香奈儿旨在找到一个与他们的所指物（即一瓶香水）等效的隐喻。模特儿卡罗尔·布盖是一个合适的人选，因为她的气质能够体现香水的内涵（即美丽和优雅）。然而要注意的是，广告可以用不同的能指。如若广告设计师希望突出另一组不同的特性，他可能会选用某种事物来代替人，用以下方式重新构建：

能指		相关概念		所指
自然物	=	抽象概念	=	物体
（例如：瀑布）		（例如：自然与新鲜）		（例如：香水）

这件物品代表了哪个国家？

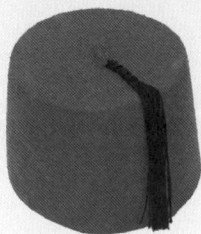

这件物品代表了哪个国家?

当某一事物与另一事物紧密联系或直接相关时，它就可以被另一事物代替从而创造意义。皇冠可以用来代表女王，电影中的影子可以代表凶手的出场，爆炸标记的图片可以代表危险化学品。这些例子的奇特之处在于我们可以通过描绘某一事物（皇冠、影子、爆炸）来代表另一未被描绘的事物（女王、凶手、化学品）。因此，虽然被涉及的事物没有出现，但依然暗示它是存在的。

在表达中，当某一事物取代了另一事物，我们称为换喻。换喻词通过指向关系来创建意义。以下是关于换喻的一些例子。

这些有趣的换喻依赖广博的文化知识。因此，为了知道上一页的毡帽代表哪一个国家，你必须要了解只有土耳其人才会戴这种毡帽（还需注意的是，这种毡帽也可以代表某个特定使用人群——一个处于某年龄段的土耳其人）。

事物		意义
自由女神像（物体）	代表	自由（概念）
一把刷子（物体）	代表	绘画（行为）
王座（物体）	代表	君王（人物）

图像		意义
一个被轧扁手指的卡通像（效果）	代表	锤子（原因）
白宫的图片（地点）	代表	美国总统（人物）
夹克的照片（物体）	代表	服装店（地点）

文字		意义
水门（地点）	代表	尼克松总统弹劾案（事件）
查尔斯顿（地点）	代表	舞蹈（行为）
爱因斯坦（人物）	代表	天才（概念）

你能通过这些发型识别他们是谁吗？

你能通过这些发型识别他们是谁吗?

此人是"猫王"埃尔维斯·普雷斯利(Elvis Presley)。

在符号学中,有时重要的不是你在沟通中强调了什么,而是你省略了什么。要代表"猫王",或许只需要使用他身体的一部分足以,例如他的发型。使用某物的一部分来代表整体,或用整个事物来代表它的一部分被称为提喻。这里还有一个例子:用一个意大利人来代表意大利人民(部分代表整体),或用一张意大利地图来代表某个意大利人(整体代表部分)。

整体或部分的关系就是提喻的一个例子。其他的例子包括成员和阶级、种和属、个体和组群的关系。这里有一个关于个体和组群关系的示例:报纸和电视节目经常用个人来代表他们想要描绘的同类别人群。所以他们会报道一个特定罪犯的故事来代表犯罪团体。这是有效的说服行为,因为这很容易让人从一个特定案例的思考扩展到更为普遍,也需要否定的案例上。在这同一个例子中,这个特定罪犯的行为是用来提醒我们去厌恶这一类型的犯罪。

假如你帮一个慈善机构为穷人筹集资金,是提供关于你的目标群体营养不良的抽象数据更有说服力,还是呈现营养不良这一群体中一个特殊人的故事更有说服力呢(用这种方式来表示你试图帮助这个群体)?那些喜欢在广告中使用提喻手法的广告商可能会选择后者,因为个人情况往往会比一组非人性化的数据能唤起更多同情。

这个花瓶的反讽意味在哪里?

这个花瓶的反讽意味在哪里?

这件作品的名称是《不叫花瓶的花瓶》(*A Vase By Any Other Name*)。由西恩·霍尔(Sean Hall)设计。

玫瑰花瓶应该是用来呵护绽放的玫瑰花,同时也保护人们免于被玫瑰的尖刺刺伤。有讽刺意味的是,这个花瓶隔离了玫瑰的枝干,但同时制造了一个同样的问题:花瓶表面上有很多玻璃刺。反讽在此背景下被用来强调某些特质,会起到诙谐轻松的效果。

反讽是关于对立面的。当有人想表达反讽意味,会用"爱"来代表"恨","正确"代表"错误",或"快乐"代表"悲伤"。这样的话,他们是在表达一种不同于表面所说的信念或感觉。反讽可能发生在日常语言中,也常会在文学作品、音乐、设计和艺术中出现。

使用反讽的问题在于人们并不总会注意到它。因为对于表面上看起来严肃的事物,人们更不会严肃地对待。为了表达你使用了反讽,你可能需要轻描淡写或夸大。然而通过夸大事实让别人更清楚你用反讽做出评论,可能会失去它本来的效果。所以反讽首先需要一种经常得以使用和可以被理解的文化环境。

这句话是谎言吗？

这句话是
虚构的。

这句话是
虚构的。

这句话是谎言吗?

有时很难辨别真相何时结束, 谎言何时开始。这句话可能是真的, 也可能不是。

那么, 谎言是什么? 谎言是字面上的不真实表达。因此, 谎言与真实的描述不同。谎言与规定也不同, 规定是一种观点, 无关对错。它有点类似于反讽, 至少在形式上是相似的(见下文), 从字面上讲它是虚假的。然而它与反讽的不同在于反讽的目的是谐趣, 谎言的目的是欺骗。

当有人说"这个发型很好", 我们来看看事实、价值观、反讽与谎言之间的区别。

谎言已完全渗透日常生活中。它就像真理一样, 几乎没有纯粹而简单的谎言。几个世纪以来, 各类谎言一直被故事讲述者、传记作家、画家、广告商、政治家、推销员、律师、孩子等所演绎。其类别取决于各式各样说话者的存在。事实上, 撒谎者是热衷于行骗、欺诈、自私、夸大、伪装或曲解的人。

但是说谎一定是坏事吗? 不尽然。也许符号学就是为了创造能帮助我们认清事实的谎言。

状况	表面信息	潜在信息	情态	意向
事实	"这个发型很好"	这个发型做得很好	真实	告知
评价	"这个发型很好"	我喜欢这个发型	不真 / 不伪	判断
反讽	"这个发型很好"	这个发型很糟糕	伪	谐趣
谎言	"这个发型很好"	这个发型不好	伪	误导

*注 : 这可能是针对事实信息的谎言(因为发型做得不好)或关于个人喜好的谎言(因为我不喜欢这个发型)。

一个正方形加一个圆形，
就会得到一个"方圆形"吗？

□ **+** ○

44

一个正方形加一个圆形，
就会得到一个"方圆形"吗？

如果某事物有字面意思上的不可能性，我们会说这是不可能的，但事物不可能的方式有很多种。方圆形在逻辑上是不可能的，但这阻止不了我们尝试对它的想象。事实上还没有人类来自未来，这可能意味着逆时空旅行在科学上是不可能的，但电影人总是试图表现这种不可能。人类身体无法实现独立飞翔（也许可以在零重力的情况下尝试），但这并不能阻止我们思考和幻想，就好像我们已经有过这种经验一样。

现实的可能性限制了我们。而超越字面的可能性（和不可能性）则没那么多限制。事实上可能有

人会说，思考不可能的事物实际在理智上和想象上都是一种释放。人们不可能忽略写有"请忽略此通知"的公告；不可能认识一切；不可能理解无穷；不可能两次踏进同一条河流；不可能什么都不想；不可能放慢或停止生活的脚步；不可能体验到死亡本身（而非濒死的过程）。然而，所有这些"不可能"以不同的方式开拓着我们的思维。

不可能性在某种程度上说对人类有意义，但对动物却没有。其他动物被限定的原因是它们过于现实化。

画面中心人物头顶上描绘的是什么？

画面中心人物头顶上描绘的是什么?

答案似乎很简单。这是一只鸟,而且这只鸟看起来像鸽子。然而要想了解图画中描绘的是什么并不像它看上去那样简单。这是因为想要了解所描绘的是什么,我们需要知道它是如何被描绘的。

在这个例子中,鸽子是用透视来进行描绘的。透视法是一种规则,如果想要理解它就必须正确地解读。对于画作的观众而言,它并不是简单易懂的——即使有时候看上去确实如此。它也不是视网膜成像的单纯记录。相反,透视法是一个代码,想要破译它就必须正确地解读它。为了顺利解码,观众需要知道物体如何通过不同角度以呈现不同侧面,同时,观众也必须了解不同观察位置光影如何变化(例如直视对象与仰视或俯视对象的效果完全不同)。

图画中所描绘的事物也可能与它表现的内容不同。在皮耶罗·德拉·佛朗西斯卡(Piero della Francesca)的这幅画中我们看到了一只鸽子。鸽子是描绘的对象,但它代表圣灵。因此,当我们想知道一幅画所描绘的事物时需要问:"图中画的是什么?"当我们想知道画中表现了什么则需要问:"这幅画描绘的内容是什么意思?"虽然一幅画中有鸽子,可能就是代表一只鸽子,但也可能完全是别的意思。

这幅画表现了什么？

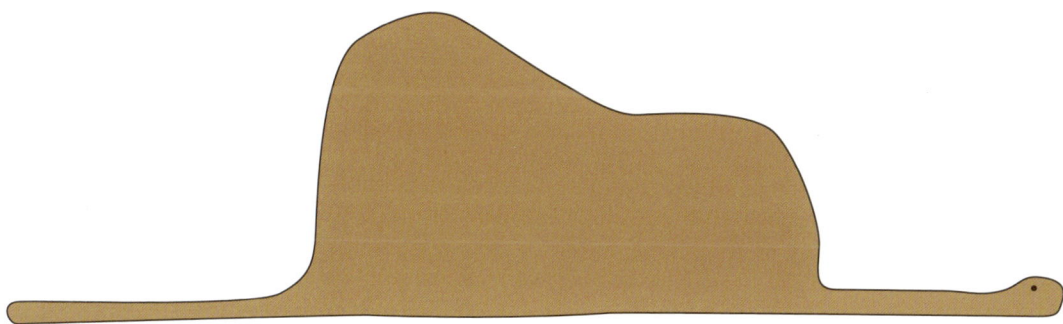

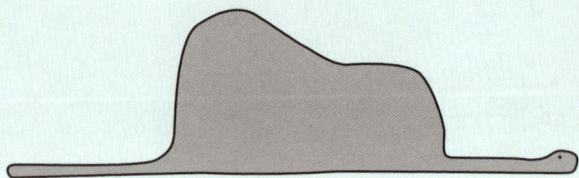

这幅画表现了什么？

看起来有点像是画了一顶帽子。这幅画仅代表一顶帽子，还是帽子又有其他所指呢？我们应该怎样判断？

实际上，这是一幅蟒蛇正在消化大象的图片。大象在蟒蛇肚里，因而你看不见它。图片来自安托万·德·圣艾克絮佩里伯里（Antoine de Saint-Exupéry）的儿童读物《小王子》（*The Little Prince*）。书中的讲述者用这幅图来解释表面的愤怒，因为正如他所认为的那样，大人们总是要为所有的事情找个解释，而通常有更好洞察力的孩子们却不会（当然，这一点是为了吸引孩子们，毕竟孩子们是这本书的主要读者）。

情感在表现出来的那一刻才是真实的。成年人常常要让事物进行自我解释。作为成年人，我们发现很难理解孩子们的图画作品，这是因为图画的意义对于孩子而言往往很清晰，而对于成年人却总是晦涩难懂。问题在于成年人需要得到更多的信息来理解孩子们想要表达的内容。事实上，当我们问一个孩子他在画什么时，我们经常发现他呈现给我们的是一些出乎意料的事物。

孩子们的迷人之处在于他们的认知方式通常很质朴，天真幼稚地对待那些表达的惯例。这意味着他们可能得出更具创造性的表现形式，而作为成年人的我们则考虑不到。关于这一点，毕加索（Picasso）表示：他用尽了此生只为在绘画中获得像孩子一样的洞察力。

概念结构

当我们想要为"idea"（想法）这一词找一个更精确的等效词时，我们经常使用"concept"（概念）这个词。这里有一些概念的例子：人类、猫、房子、桌子、椅子、电脑、树、绘画、书、广场、柔软、红色、独角兽、艺术、设计、物体、图像、文本、原子、宇宙、资本主义、种族主义、美丽、真理、千篇一律，等等。从这个列表中，我们可以看到概念以各种各样的形式存在。概念可以是泛指的或特指的，可以是具体的或抽象的，可以是自然的或人为的，也可以是艺术的或科学的。

概念是构筑人类思想的基石，就其本身而言，其具有高度的可适应性。概念可用于真实存在的事物（如人和猫）或假想的事物（如独角兽和仙女）。概念可以帮助区分世间万物，如桌子和椅子、橡树和榆树、原子和分子。概念也可以帮助我们辨别很抽象的概念，如真实与谎言、表象与本质、连续性与间断性之间的差别。

显然，我们需要概念来帮助我们思考、组织以及了解世界。然而我们常常忽略一点，即我们对所用概念的巧妙之处以及对我们的启示知之甚少。

思考以下问题：

哈雷-戴维森是一项美国的设计吗？
哈雷-戴维森是一项好的设计吗？
什么是设计？

第一个问题似乎可以在特定事实的基础上做出回答。无论其是不是一项美国设计，也可能部分是美国设计。第二个问题似乎可以在对哈雷戴-维森进行一定判断的基础上做出回答：也就是说，我们是否认为其具有品质或特质，更一般的说法是，使设计可称得上优秀的品质或特质。第三个问题是概念性的问题，它要求我们谈谈设计及其所包含的内容。

这意味着我们可以将问题分类如下：

哈雷-戴维森是一项美国的设计吗？
（事实问题）
哈雷-戴维森是一项好的设计吗？
（价值问题）
什么是设计？
（概念性问题）

请注意，为了回答前两个问题，我们必须能够回答第三个问题。究其原因，在第一个实例中，我们很难判断哈雷-戴维森是不是一项美国设计，除非我们确定它确实是一项设计而非其他事物（比如说，一件艺术品）。在第二个实例中，我们无法知道哈雷-戴维森是否是一项好的设计，因为我们无法获知何为设计品质，如功能性、美观性、简洁性、有效性以及实用性等情况。因此，概念性问题对于理解我们所提出的任何问题，以及如何回答这些问

❸

概念结构

题都是至关重要的。

　　虽然通常需要对个别概念（如设计）进行仔细的阐述以便我们能够准确地理解某个特定的问题，但概念并不总是被孤立地进行理解，它们经常彼此形成连接和关系。事实上，成对的对立概念为符号学的研究提供了特别有用的结构，因为它们帮助我们解读和揭露不同人类实践的潜在特点。以饮食方式为例，不同文化背景下的一些简单的差异就足以构建饮食行为结构。因此，在对饮食的谈论和思考过程中，认识到生与熟、可食用与不可食用、本地产与国外产之间的概念性差异往往十分重要。正是通过这些成对的对立概念（如生／熟、可食用／不可食用、本地产／国外产），我们开始领会这些外加于饮食方式之上的结构。

　　这也可以用来解释其他人类行为。以宗教信仰为例，宗教通过一组不同的对立概念集合来确定其信仰的结构。这组概念包括人与神、生与死、神圣与亵渎、善与恶。同样，这些概念不仅有助于为某些宗教行为赋予意义，应当说，所有的宗教行为都需要通过概念来明确意义。同时，在理解宗教是如何通过反对力量来为信徒明确其本身意义的过程中，这些概念也能够为我们提供帮助。

　　同样的方法也可用于衣着问题。男女服饰的差异、服装正式与否、不同文化环境下对裸露与否的不同许可程度，都是我们理解衣着的途径。这些成对的概念（男性／女性、正式／休闲、遮盖／显露）有助于理解时尚领域中起初可能显得多样化和令人费解的文化现象。

　　我们在饮食、宗教和时尚领域内可以找到各式各样的相对概念，关于这些概念的讨论涉及大量的符号学内容。当然，一些更为抽象的哲学概念并不会被经常提及，他们往往被运用于各个学科以及文化。

　　这些概念包括：真实与谎言、相同与差异、整体与部分、主观与客观、表象与现实、连续性与间断性、内涵与所指、有意义与无意义，以及问题与解决。在这一章中，我们将关注这些概念，正如我们将看到的那样，这些概念在基础层面上掌控着人类不同类型的思维。

这幅画中是一根烟斗吗？

Ceci n'est pas une pipe.

Ceci n'est pas une pipe.

这幅画中是一根烟斗吗？

比利时艺术家雷尼·马格利特（René Magritle）在他的名作《形象的叛逆》（Betrayal of Images 1928—1929）中，用法语写道"这不是一根烟斗（This is not a pipe）"。但如果这不是烟斗，那它是什么？显而易见，这是一幅烟斗的画作。一幅关于烟斗的油画不是一根烟斗，而只是表现烟斗的一种方式。这个道理同样用于"烟斗"这个词。"烟斗"这个词并非烟斗本身，而仅仅是代表烟斗存在（或不存在）的单词。图像和语言具备着表示或歪曲世界本身的能力，马格利特的画作恰好提出了质疑。通过这幅画，我们开始意识到真实与谎言的概念比我们想象中更为陌生。

真实与谎言是如此的令人疑惑，以至于人们无法总能判定它们，在小说的世界里尤其如此。思考一下以下句子："哈姆雷特的鼻子上有个疣子。"正如马格利特的那幅画一样，无疑这句话或许表现真实，或许是谎言。那么哈姆雷特的鼻子上真的长有疣子吗？然而莎士比亚的戏剧并没有告诉我们答案。也许有，也许没有。我们不知道答案，或许莎士比亚自己都不知道。这意味着在某些情况下（特别是小说），讨论真实与谎言可能毫无意义。

如果绘画和其他的表现形式都同小说世界一样，那么在真伪层面对他们进行讨论或许是不明智的。然而即便如此，仍然可以说这幅画作看起来像一根烟斗（而它看起来不像一根烟斗的说法则是错误的）。原因很简单，如果它看上去不像一根烟斗，那么它就无法教育他人——比如说孩子——它像一根烟斗。

下图中哪一个图形是与众不同的？

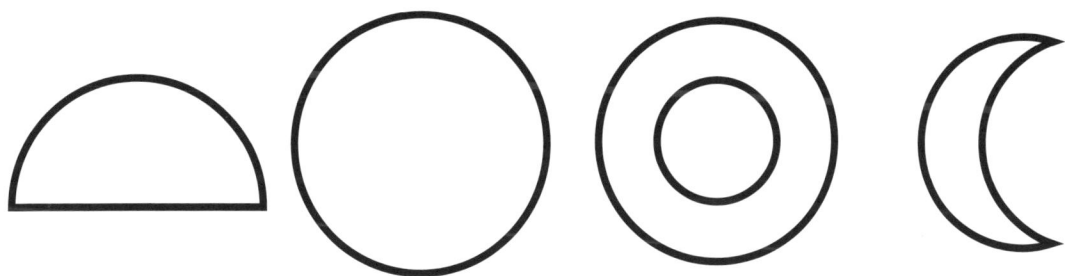

下图中哪一个图形是与众不同的？

实际上，我们找不到哪个图形是与众不同的真正理由，这只取决于我们如何感知这些图形，并选出与众不同的那个。例如：

第一个是唯一一个具有直线的图形。

第二个是唯一一个真正的基本图形。

第三个是唯一一个由两条不相交线组成的图形。

第四个是唯一一个看起来像是表现某一熟悉物体（即月亮）的图形。

发现差异有时很容易，而有时却很难。仿冒品、诱饵、艺术赝品、设计复制品、伪钞、影印件、复制品、摹写、伪装、即时回放、乔装、模仿秀演员、双胞胎、克隆，所有这些都提出了相同与差异的问题（它们也有助于突显真实事物与仅为复制品的事物之间的真正区别）。

差异存在两种基本的类型：其一是种类上的差异，其二则是程度上的差异。种类上的差异以我们讨论的事物的基本类型为基础。例如，虽然一个人可能看起来跟陈列室里的一个非常逼真的人偶一模一样，但它们毕竟是从根本上完全不同的两个种类。另一方面，当本来非常相似的事物之间发生变化时，不同程度的差异就出现了。例如，山脉与山丘的区别仅仅体现在程度上（尽管如此，这里的差别仍然很大）。真正的钞票和伪造的钞票也只有程度上的差异（尽管这涉及的可能只是很小的差异）。

相同点的奇特之处在于它并不是人们所想的那样绝对。这就是为什么我们经常要问："x 与 y 在哪方面相同？在形状、质地、色彩、色调、材料及使用方面一样吗？"毕竟，只有当 x 与 y 在各个方面都相同时，我们才无从讨论它们之间的差异。

你能读出以下文字吗？

Why deosn't the oredr of the ltteers in tihs qeusiton mttaer?

Why deosn't the oredr of the ltteers in tihs qeusiton mttaer?

你能读出以下文字吗？

字母的顺序无伤大雅，因为我们读单词时并不需要先看清每一个字母。重点是，单词的首个和末尾字母放对了位置。即使其他字母顺序完全错乱，你仍然能读懂句子。

如果我们阅读时会倾向于先读整个词再看字母本身，那么当我们观看图像时，情况会如何呢？我们也许设想只有当脸部各个部分与脸部整体严格统一时，一幅肖像才会逼真。但是，毕加索的一些肖像画表明，即使你把脸部细节打乱弄混，画作仍然保持良好的相似性。因此，也许在肖像画中，整体的脸比五官的具体排列更为重要。

在这些部分与整体的概念之下，是一个更为广义的议题，它涉及哲学范畴，讨论我们何时把事物视为部分，何时把事物看作整体。虹膜是整个眼睛的一部分，眼是整个头的一部分，头是整个人的一部分，人是整个社会的一部分。所以，眼、头、人，都同时既是部分又是整体。那么，我们把何物视为整体，何物视为部分，取决于我们想要表达什么。如果我们想只关注虹膜而弄清楚眼睛的工作原理，我们将会错过某些信息。同样地，如果我们想只关注眼睛而理解整个头部，我们将遗漏很多。重点是，我们应该与试图要解释的事物在恰当水平上契合。要达到此目的，我们应当铭记，世界的复杂性源自一个事实，即我们常常把一个事物拆分成零散部分或其他样子以便与其他事物相结合，从而组成一个更大的整体。

你看到的红色与其他人看到的一样吗？

你看到的红色
与其他人看到的一样吗?

有些事物显现出其他事物无法比拟的品质:

咖啡的味道。

玫瑰的芳香。

细砂的触觉。

鸟儿歌唱的声音。

红色的外观。

个人经验的特质在某种程度上来说似乎难以下定义。例如,无论我们知道多少关于色彩的科学(如波长、纯度和强度、大脑的色彩处理部分、不同的刺激手法以及如色盲等其他问题),我们都讲不出拥有这种体验像什么,只能说自己拥有这种体验。从这个意义上说,对色彩的体验似乎是主观(个人)而非客观(科学)的(做个小测试,问问自己,如果从未体验过,你是否能想象品茗咖啡、嗅闻玫瑰、触摸沙子、听鸟儿唱歌或者看见红色,会是什么感觉)。

尽管对这些特质的体验存在主观的一面,但也存在可以通过各种科学方法得出客观感受的一面。对色彩的客观测试并不主要关注拥有这种体验的感觉,而是更多关注我们感觉的事实本身。在生理学和心理学中这些测试处于前沿领域。例如,有些测试可以帮助我们探索色彩在各种观察条件下是可变还是不变的,以及我们所感知的色彩是如何依赖于它们所处的环境(如将某一色彩置于相似或对比鲜明的其他颜色旁时,其可能会发生变化)。所有这些测试揭示出我们在生理学和心理学的感知。然而,它们未能揭示的问题——这也是符号学中的重点——正是这些不同颜色(及其他感官特质)对我们来说究竟意味着什么。

这个战争场面看起来是真实的吗？

这个战争场面看起来是真实的吗？

人们常说，线性透视的类数学技法是表现视觉世界的最好方法。有些人认为，菲利普·布鲁内莱斯基（Filippo Brunelleschi）发展的早期透视方法采用了一系列的线条，这些线条似乎汇聚于地平线上某个单一的灭点。通过这种方法，给人以空间感和景深感，使图像看上去好像真的一样。

固定的透视点使观众得以使用透视系统，在上页保罗·乌切罗（Paolo Uccello）的画作《圣罗马诺之战》（*Battle of San Romano*，1435—1460）中也有体现。这幅作品通过放置于地上的长矛为观众提供了一系列视觉线索，这些线索引导观察者从画作前景中的视觉元素（比如尼克·达·特伦提诺这一中心人物），转移到后景中耕地里战斗着的小小身影。就在"正常"透视中得到的视觉暗示同绘画作品所展现出的一致性而言，这些设置能让画面更逼真吗？

说到逼真，乌切罗的这幅作品存在各种问题。其中一点是乌切罗给我们的固定视角没有考虑到这样一个现实问题：现实中，为了观察到视野中的不同事物，人们的视点总会不断变化。另一问题是我们用双眼来观察世界，因此透视系统对真实世界的再现应该是两个逐渐消失的点，这样才能给出更精确的视觉效果。最后一个问题是，透视法不能替代我们对视野内所见事物的测量。

艺术家们发现透视法是一项对绘制现实世界影像或多或少有用的绘画创新（某些特质，如线条、色调、纹理及色彩等，当然也能使画作看起来真实）。仍然确信无疑的是即使我们在透视法的使用过程中衍生出一些看似真实的元素，人们不会错把这当成一场真正的战役。

这两个时钟之间有何区别？

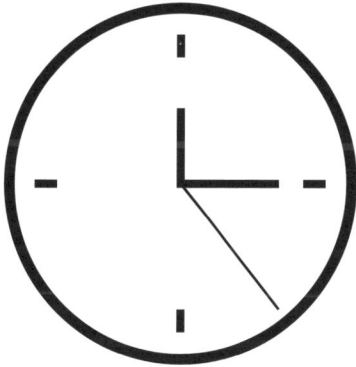

12:15

12:15

62

这两个时钟之间有何区别?

答案之一应该是这样,两个时钟对连续性和间断性具有不同体现。首先,左边的表盘以模拟形式显示时间,而右边的时钟则以数字形式显示,由此产生了两种不同的效果。通过右侧的表盘我们可以看到时间在时针、分针和秒针的绕行中流逝。此外,当我们要为某事计时,我们也可以看到已经用了多少时间以及还剩下多少时间。然而,右侧的时钟则只能看到数字发生突然的变化,通过这样的数字显示我们只能看到目前的确切时间。

两种表现形式之间的基本区别在于时间的模拟模式(如左侧表盘)给人更多的连续感,给人以感受现在、过去、未来之间的关系。而数字形式的时间(即右侧时钟)确切地表示当下这一时刻的时间,但因为当数字变化时是跳动的,所以看起来时间似乎是由不连续的单元组成的。

总之,模拟信号创建的关系根据连续性来分级。以或多或少都具有的特质的事物为例,如视觉图像、身体姿态、面部表情、身体动作、纹理、味觉和嗅觉等。这些符号具有丰富性、复杂性和连续性,不易通过另一媒介传达。另一方面,数字符号具有某些可以被看作间断性的特质,因为它们所使用的类别被组成整体。例如以下一些概念性的相对体:零或一、关与开、这或那,黑与白,光明与黑暗,生或死。纵观一切,可以发现具有流动性的模拟代码(如音乐),有时会通过数字形式来表现(如光盘)。

这位喝香槟的男士，你会注意他什么呢？

这位喝香槟的男士，你会注意他什么呢？

在被询问"喝香槟的男士"时，很容易给人留下的印象是我们在以简单明了的方式提及某个人。但也许那个我们认为的"喝香槟的男士"实际上是一位女士。照这样看，也可能没有人喝香槟。或者"喝香槟的男士"这一短语是不恰当的，因为我们谈论的两人只是拿着他们的杯子，但实际上并没喝杯子里的香槟。另一可能性是在使用"喝香槟的男士"这一短语时弄错了人，因为他用的是一个啤酒杯（而他手持香槟酒杯的朋友实际上喝的是啤酒）。最后，我们可能会说，没有人喝香槟，因为两人喝的都是气泡酒而非香槟。这恰好为我们上了一课，因为我们想提及某事或某人时，并不能保证总会成功。

"所指"非常有趣，因为你可以用不同的方式来提及同一人或同一对象。当我说"喝香槟的男士"时，我打算挑选某一特定个体，但如果我发现你并不知道我所指的人是谁，那么我会加上"穿红夹克的人"。尽管这些描述从某种意义上说是不同的，但所指却是相同的。这些互参的术语也可以通过"晨星"和"晚星"的例子来说明。短语"晨星"和"晚星"显然具有不同的意义，即使它们所指都是相同实体，即金星。然而你或许会突然发现，我以某种方式所指的这一星球（如"晨星"）与那个以截然不同的方式所指的星球（如"晚星"）是完全相同的。

刚才讨论的问题可能会让我们思考内涵或所指的转换如何破坏或削弱我们的沟通能力，使我们同他人的沟通意指不明。

这些交通灯有意义吗？

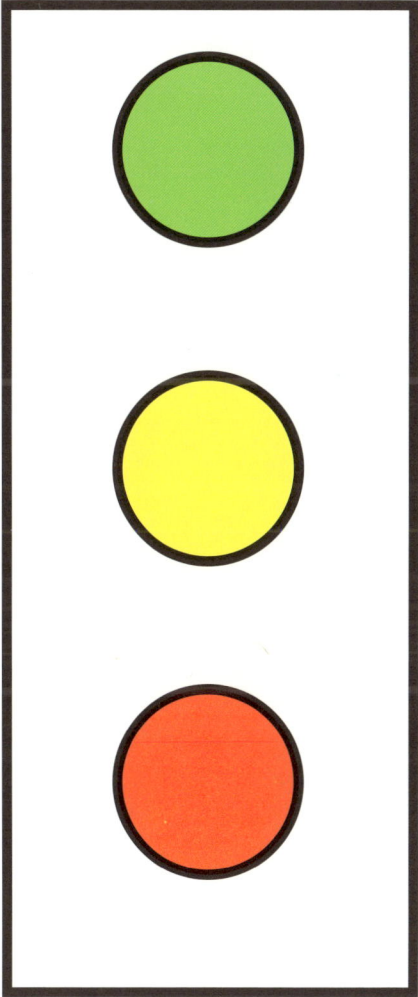

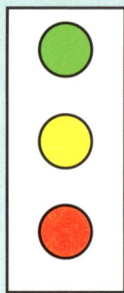

66

这些交通灯有意义吗？

我们为世界各地使用的交通灯系统赋予了三种色彩意义：红、黄、绿。对于使用该系统的司机来说，这些灯有如下含义：

能指：	红	黄	绿
所指：	停	警告	行

如果你已经熟悉它们，那么这些灯的意义是显而易见的。不过它们的含义基于一系列的潜在假设。首先，我们每个人都必须能够将红、黄、绿的色彩概念区分开来（若是色盲，这个假设将不成立）。其次，我们必须理解每一种颜色的灯在使用该系统的文化环境中所具有的意义（这关乎既定的惯例，该惯例可能不会立即被其他文化所接受）。最后，我们要理解这些灯是如何及为何成为道路符号这一更大系统的一部分（而这同样取决于人们对其驾驶所在国度所具有的特定文化知识）。

如果所在文化允许，只要下列组合仍能有效控制交通，则每种颜色灯的意义可以任意安排：

能指：	黄	绿	红
所指：	停	警告	行

该替代系统依旧可以同样有效（赋予同等意义）的原因在于，首先每种颜色在视觉上都截然不同；其次，可以在交通灯系统内赋予每种颜色特定含义。

现在想象如果交通灯结构由以下色彩构成将会发生什么：

能指：	橘色	橘红色	红色
所指：	停	警告	行

这无疑会导致混乱，不是因为这些灯设置错误，也不是因为这些灯本质上毫无意义，而是因为人们发现用既有概念很难区分橘色与橘红色，以及红色与橘红色。即使它们被赋予了意义，也将导致人们对它们的意义产生混淆。

你能一笔用四条直线
把这九个点全部连接起来吗?

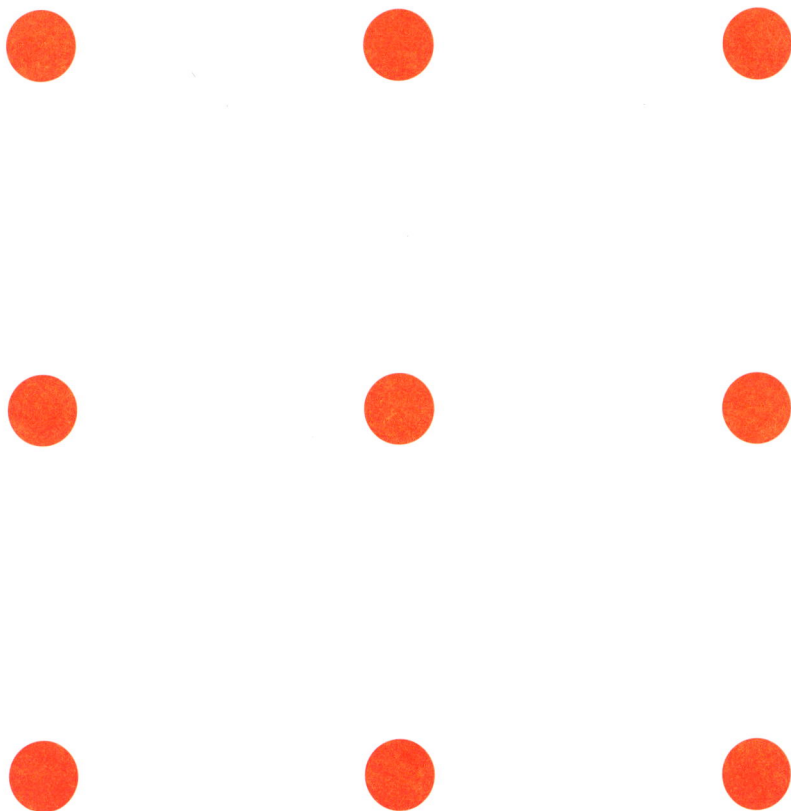

你能一笔用四条直线
把这九个点全部连接起来吗？

这九个点的问题常被用来说明我们的思维会如何受到限制。这是因为人们的思维很容易受限于九点围成的方形框架。然而，当你摆脱这种限制时，解决方案会自动出现。下面给出一种解决方案（下图）。

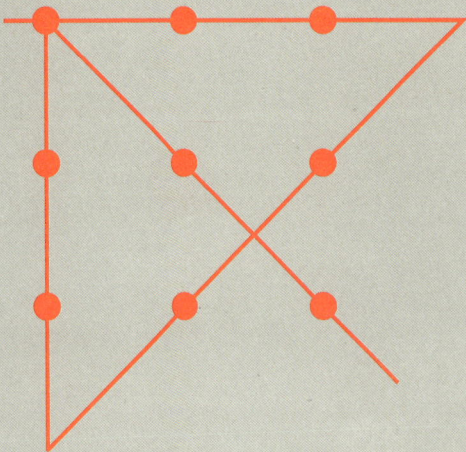

一旦这种解决方案出现，人们就会停止寻找其他解决方案。然而还有很多其他解决方案存在。你可以用铅笔画过所有这些点，这样在顶端就会宽于盒子形状本身。你也可以将点剪下来，把它们排成一行，然后画直线连接它们。你还可以将纸折叠起来，这样就得到一个所有点都一个接一个排列起来的小方形，然后用铅笔穿过它们即可。换句话说，每个问题都可能会有很多种解决方案。

当我们遇到难题时，我们往往花费大量时间和精力去寻求解决之道，绘画历史证明了这一点。很长一段时间，画家们认为能够发展出一种能更逼真表现生活的方法。但问题在于所有表达媒介——无论是画作或语言——都只能以不同的方式（使用不同的符号）来象征其所要代表的东西。因为画作和语言并不是（也永远不会是）现实，它们总是与现实有差距。因此，如果我们假设自己能寻找到一种能镜像似的反映现实的完美表达媒介，那么我们这一潜在假设便已错了。

我们所面临的整体性的哲学难题之一在于一些问题仅有一个解决方案；一些问题则有许多解决方案；一些问题没有解决方案；而一些问题甚至不能称之为问题。问题本身往往告诉我们所面对的问题的类型。

4

视觉结构

物体、图像和文本通过其视觉上的构成方式被赋予结构，以至于获得意义。这就是我们所谈论的到底是个体事物的例子，诸如产品、家具和工业机械（物品）的设计；油画、素描、照片、图表、涂鸦、卡通、海报、图片和徽章（图像）的结构；还是诸如报纸、小说、诗歌集、电影脚本和教科书（文本）的整体布局。集合物件同样适用于此（如存钱罐、装满照片的影集、某些作家的作品集）以及各类有序的事物（如系列装饰、电影中的连续图像和特定教科书的运行页面）。

视觉结构有两个维度：空间和时间。这两个维度轮流具有位置（事物位于何处或被表示为位于何处）和存在（事物是什么，或者被表示为什么以及它是如何呈现）两个元素。

位置与感知位置（近／远），定位（上／下或左／右），形势（中心／边缘），布置（组织／紊乱），接近度（凝聚／隔离），平衡（对称／不对称），感知角度（上／下／水平），以及方向（前／后／侧）相关联。例如方向通常在食品的三维包装设计上十分重要。在这种情况下，产品的品牌名称和图像往往会置于包装盒前面，而成分则编排于包装盒后面或者侧面。这样的方式告诉我们，在信息交流中，什么对于生产者而言最为重要。然而，就诸如像油画这样的二维作品中的位置而言，其他一些构成元素显得十分突出。例如在油画中，我们会发现画面顶部的视觉特征往往倾向于将其

理想化，而画面底部设置的事物往往显得更为实际和现实。这就是为什么在艺术作品中需要将上帝设置得高于人类，而人类则需要设置在上帝之下（同样，将某事物置于画中前景和中间能凸显事物的重要性，而置于画面背景或者边缘处则不然。这种现象的一个实例就是自画像，被画人往往在他或她的环境中处于支配地位）。某些特定文本也以某种方式来体现出我们希望强调的关键特性。脚注就是一个例子，它们位于文本的底部，因为相对置于它们之上的篇幅而言，脚注往往并不重要。

相反，存在是通过不同元素以可视化的结构创建而成，它关注或远离其本身。存在由诸如数量（多／少），尺寸（大／小），颜色（色相／饱和度／亮度），对比（高／低），细节（精美／粗劣），调子（浅／深），形状（常规／非常规）、纹理（粗糙／光滑）、运动（静态／动态），安排（组织／紊乱），透明度（清晰／不清晰），绝对化要求（简单／复杂）此类元素构成。根据其所处环境，这些元素通过向我们提供不同种类的侧重方式，有助于关注或远离结构的不同部分。因此，相对于小的、棕色、方形的少量物体，（描述为）大的、红色、圆形的物体也许能创造出更多的存在感；相对于乏味且静态的图像，明亮又兼具动态的图像也许能够创造出更多的初始印象；而使用清晰简明书写方式的文本也会比那些含糊复杂的文本具有更为直

④

视觉结构

接的吸引力。

　　时间，或者说视觉结构的时间特性与空间维度有共同之处，它也有两个因素：位置和存在。时间位置是关于某些特性是否会被依次置于其他特性之前或之后。我们可以在诸如漫画，按时间顺序排列的图表、食谱卡片、变更时刻的油画，关于节食的书籍以及精心构思的小说或电影这些事物中发现"之前"和"之后"的概念。谈到节食，为了表现体重的降低，关于节食的书籍会将一个期望减肥人士"之前"的图像置于页面左侧，而将他们在成功减肥后的"之后"的图像置于页面右侧。

　　另一方面，时间存在是关于事物是否会被显示为位于过去、现在或者未来。例如艺术史讲座能够揭示过去的文化态度；关于当代设计的书籍可以告诉我们现在的风格潮流；关于技术革新的博览会能够有助于我们推测未来。诸如讲座、书籍和博览会之类的事物有助于以物体、图像和文本所显示的方式赋予它们过去、现在或未来的特性。此外，迅速和缓慢的特质很明显可以算作时间存在形式。旧物的暗锈、照片的模糊、油画中短暂时刻的凝固，这些都暗示着时间的脚步匆匆而过。

　　本章将要讨论的关键概念将倾向于关注二维视觉结构，因此会以设问与回答的形式涉及以下事物：观察者与图像，理想与现实，既存与崭新，中心与边缘，前景与背景，接近与存在，之前与之后，过去、现在与未来，快与慢等。

这幅图像表现了什么？

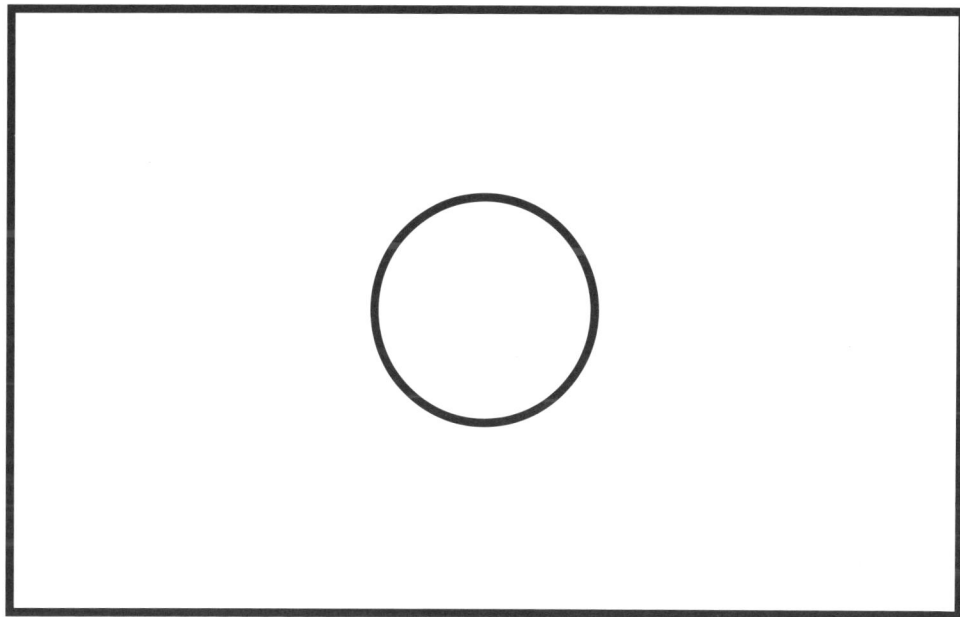

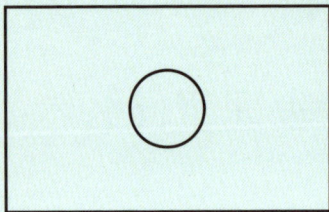

这幅图像表现了什么?

假设这是一幅高度精简的图像，存在各种可能性。它可能是：

1. 墙上的一个洞
2. 画在墙上的一个圆圈
3. 固定在墙上的一圈管子

请注意，这三种描述中，你实际看到的并没有改变，改变的是你对所见内容的阐释。在第一个描述中，我们看穿了这堵墙。在第二个描述中，我们看到的是墙面。在第三个描述中，有物体从墙面凸出。值得注意的是我们不仅在观察图像的方式上发生了变化，而且观察者的固定位置也发生了改变。这里假定每个例子中，观察者都从侧面看着图像。

但现在想象你不是看着一堵墙，而是看着一张桌子。在此也有三种阐释。它可以是：

4. 桌子上的一个洞
5. 画在桌子上的一个圈

6. 固定在桌子上的一圈管子

图像的内容还是一样，但是通过给出的描述，观察者的假定位置发生了改变。现在观察者向下看，而不是从侧面看。

现在想象我们看到的是天花板。这里有另外三种阐释。它可以是：

7. 天花板上的一个洞
8. 画在天花板上的一个圈
9. 固定在天花板上的一圈管子

图像的内容一样，但是观察者的假定位置再一次发生了改变。这一次观察者是仰视（当然，再换一个角度也可以是观察者也可能是从天花板上的小洞看下来）。

这九种阐释表明图像和观察者的位置可以通过新的描述发生改变。对理解这些不同种类的视觉结构以及我们对其的诠释（与再诠释）来说至关重要的，正是观察者与图像之间不断的转换和变动。

这幅画中的哪部分是被理想化的？

这幅画中的哪部分是被理想化的？

绘画作品能以不同的方式进行切割。切割它们的一个办法就是将理想化的元素置于图片的顶部，现实元素置于图片的底部。欧仁·德拉克洛瓦（Eugène Delacroix）的画作《7月28日：自由引导人民》（*The 28th July: Liberty Leading the people*，1830）就说明了这一点。自由女神，在这里是以高举旗帜的女性角色作为象征，她被置于画面的顶部和中部以凸显她的重要性。而她的下面，正是人民大众的象征，但同时就这些人物的描绘而言，其在某种程度上更具现实性。它以这种方式将"人民"表达为受到置于其上的自由女神的激励。因此，自由女神本身和她身下的人民大众都是理想化的元素，目的似乎在于让后面这部分群体显得更为真实，而死亡的终极现实——作为消除自由的理想化的后果——在画面底部得以显现。

你也会在杂志广告上发现同样的视觉结构。在某种食品广告中，我们通常会在杂志的页面顶部发现一个理想化的形象，而待售产品的现实形象则出现在页面底部。例如一串光亮多汁的葡萄图片出现在页面的顶部位置，在图片下面，我们也许会发现真正宣传的是葡萄干。在这种类型的广告中，读者会被提醒去注意理想（闪亮的水果）和相应的现实（对应的干果）之间的不同之处。但是通过将两者联系起来，我们希望消费者能够看到前者是如何被浓缩为后者的。换句话说，广告就是通过连接理想和现实，以表明我们渴望的本质，即不断将是什么（真实的产品）转化为将可能是什么（理想的产品）。

这幅画最好是从左向右看，
还是从右向左看？

这幅画最好是从左向右看，
还是从右向左看？

这幅画源自贝叶挂毯（Bayeux Tapestry），它记录了征服者威廉（William）1066年对英格兰的诺曼底征服事件，应该从左向右进行阅读。可是我们是如何得知的呢？其中一个答案就在"马"身上，尽管这些马匹在图中处于静止状态，但它们似乎主要都朝向某一个方向移动。因此图片本身也许就有一个提示。不过，比这更重要的是阅读图像有标准的惯例，从左向右阅读刚好符合惯例。

我们很容易认为每个人都是从左向右进行阅读。当然，这在西方文化中确实如此。这也正好说明为什么在西方国家的洗衣粉广告中，将脏衣服的图像置于左侧，而将崭新的衣物图像置于右侧。通过将图像按此顺序安排，观众就知道洗衣粉可以使脏衣服变得干净。然而，中东地区的观众们是从右向左阅读，他们会反向理解这则广告。对于他们来说，似乎洗衣粉正将闪亮的白色衣服变成肮脏的灰色。因此，通过自左向右的阅读习惯，我们所得到的意义实际上仅适用于特定社会背景与文脉语境。

我们无论是从左向右阅读还是从右向左阅读，图像一侧的信息通常是"既存"或假设的，另一侧的信息则是"崭新"或是意想不到的。所以在广告中这只是想象，"既存"的信息是变脏的衣服（在西方文化中，这则信息会出现在左边）。新的信息是特定的打广告的洗衣粉，它擅于将衣服变得干净（在西方文化中，这则信息会出现在右边）。

为什么将耶稣放在
这个雕塑的中心位置呢？

为什么将耶稣放在
这个雕塑的中心位置呢？

中心的概念在人类许多活动和思维中十分重要。宇宙有一个中心，世界有一个中心，国家有中心，城市有中心，人类有中心，甚至我们的神经系统也有一个中心，物体、图像和作品文本也有中心。

中心提供一个焦点。中心是重要的且至关重要。它们是枢纽也是中心，其他事物环绕其排列。与周围事物相比，中心占据了更多优势。不过，有中心就会有边缘。边缘在外部位置，提供限制、边际、边界和界限。相比之下，边缘在某种程度上被中心压制。

我们往往认为放在作品中心位置的事物具有更高的地位和重要性。相较而言，那些置于边缘位置的事物往往无足轻重且地位较低。在前一页米开朗基罗（Michelangelo）创作的《下十字架》（*Deposition*, 1550—1553）（或《佛罗伦萨圣母怜子图》*Florentine Pietà*）中，我们可以见证中心的重要性和边缘的相对不重要性。这座雕塑包括四个人物：基督、尼哥底母、抹大拉的玛丽亚和一个未完成的人物形象。在这座雕塑中，很明显米开朗基罗将基督置于中心位置，在他周围的是一些拥护和支持他的人。因此，尽管其他人物与基督亲密接触，但他们仍然处于边缘位置。于是在这个雕塑中，中心和边缘的概念连同前面和后面的概念，促成了永恒和重要（基督）与短暂和相对不重要（尼哥底母、抹大拉的玛丽亚和未完成的人物形象）的对比。

有趣的是，这个雕塑为观众预设了一个位置（在这个例子中，我们可以在雕塑前后左右去观察）。因此，与我们前面所讨论的图片一样，我们不应该试图脱离观看物体的人所处的位置而去孤立地看待三维物体的位置。

你从这幅画的背景中注意到了什么？

你从这幅画的背景中注意到了什么？

人类有根据前景和背景感知事物的能力。以放置于桌上的物体为例，我们会立即意识到这个物体本身（被视为前景），却很少注意到物体旁边的桌面（被视为背景）。用耳机听音乐，这首曲子的旋律通常是我们关注的对象（前景），而不是组成音乐的其他音轨（通常是被当作背景）。再想想印刷过的页面，我们通常会先注意到文本（前景），而不是文本周围的空白（可能被视为单纯的背景）。

M.C. 埃舍尔（M.C.Escher）在他的画作《马赛克Ⅱ》（*Mosaic* Ⅱ，1957）中演示了一些前景和背景的似是而非。他在画中暗示我们认为的前景和背景在某种程度上就是一个关于选择的问题，这让我们感到好奇。在他的作品中，我们的关注点可以发生改变，于是那些通常被视为前景的事物也可以被视为背景，反之亦然。尽管感知的转换可以发生，发生时我们最开始被视为的前景能突然变化而被视为背景，但我们仍然需要承认这种转换并不经常发生（除非正如埃舍尔的画作所展现的那样，这是有意为之）。当你在前景中看到某些事物时，其他的事物往往会形成一个背景，并以此变得让人无法察觉或者为人所忽视。

你能辨别两颗星的一组和三颗星的一组吗？

82

你能辨别两颗星的一组
和三颗星的一组吗？

通常我们组合事物是因为它们彼此接近。彼此靠近的事物往往会被组合在一起。换句话说，对于相互远离的事物，我们倾向于认为它们是分开的。在这里，我们之所以可能想要将两颗黑色的星和一颗红色的星组合在一起以构成一组三颗星，而将一颗黑色的星与红色的星组合在一起以构成一组两颗星，其原因之一可能是其相似度。如果你想要注意或忽略某个事物，以特定的方式来安置和呈现它就显得相当重要。

组合这些星星的另一个明显方式就是颜色。相较而言，这是它们本身所存在的或者说这是它们具有的特质。以颜色来组合这些星星意味着将三颗黑色的星组合成一组，两颗红色的星组合成一组。我们还可以采用不同的方式来表示存在，诸如大小、色彩、清晰度、色调和纹理。大小通常象征着重要性和权威（如自由女神像）。颜色通常对于创建自然主义或表明自然主义的缺乏必不可少（如过于加重暖色效果能使图像或物体看起来比较梦幻或虚假，而去除颜色则可以使图像或物体看起来显得怀旧）。清晰度——至少同样适用于图像和文本——可以让事物看起来更加可信，而清晰度的缺乏则使事物显得不真实或模糊（如一张软聚焦照片可用来表示模糊的记忆）。对比色调可以创造戏剧性，但缺乏对比色调，戏剧性效果就可能单调乏味或显得缺乏投入（如我们可以注意电影《交错的黑暗命运》中何其壮观的黑白鲜明对比）。纹理可以触知并显得温馨，但纹理也许并不完美；缺乏纹理会显得冷漠并表现得完美无瑕（如一幅绘画表现人类的皮肤纹理显然迥异于生理学中的皮肤挂图）。

为什么最右侧的人物在这幅画中出现了不止一次？

为什么最右侧的人物
在这幅画中出现了不止一次？

马萨乔（Masaccio）在其《献金》(*Tribute Money*，1426—1428) 这幅油画中通过三个时空的场景塑造了故事情节。这件作品令人不解，因为他在作品中将三个不同的事件进行相邻安排，这样的安排方式使得三个事件并不会被人们立即区别开来。

《献金》的故事以圣马太福音中的解释为基础，涉及基督、圣彼得以及其他一些使徒和一个收税官。在这幅画中，我们可以看见基督出现在画面的中心，使徒在向他解释自己被要求交纳税收。然后基督邀请圣彼得执行这项任务，但同时告诉他可以在哪里找到钱财。在画面左边，我们看到圣彼得钓到了一条鱼，并将金币从鱼嘴里取出。在画面右边，我们看到圣彼得正向收税官缴纳所欠下的钱财。

这幅油画的奇异之处在于观众会有一种场景的秩序感，尽管这种秩序感与我们预想的图像结构不同。这是因为两种需求之间有一个冲突，我们已经在本章中讨论了这点。首先，最重要的人物形象通常会被大致安排在画面的中心位置，其次我们往往会从左向右阅读视觉图像。那么，这幅油画表明尽管我们可能有一个标准的方式来呈现"前与后"的视觉顺序，但我们也可以脱离这种顺序。不过，我们需要确保的是当我们脱离这种标准的阅读惯例时，那些试图阅读的人能领会这种惯例是如何发生改变的。否则，惯例改变的结果可能使我们渐渐陷入茫然不解之中。

我们能想到未来是什么样子吗?

我们能想到未来是什么样子吗？

时间在符号学中很重要，这是因为我们认为自己与时间的流逝相关联，而且也因为我们往往会对时间做出判断。例如我们通常认为过去的事物古怪、怀旧、有趣、迷人或者简单陈旧，而认为现在的事物令人兴奋（有时乏味），未来的事物崭新、雄心勃勃、前卫或者简直让人觉得恐惧。推测过去、质疑现在、预测未来的需要似乎以某种方式注入进了人类的基因之中。

如果我们认为时间就是由过去、现在和未来的线性和离散元素构成，那么这似乎意味着我们能想到的事物要么领先于时代，要么落后于时代。由此，时间开始将我们思考物体、图像，以及文本的方式变得结构化和组织化。我们经常谈论某个作品（比如某个产品、油画或书籍）"领先于时代"，或"在自身的时代"，或"落后于时代"，但更确切地说，当我们这样谈论时，我们有何用意？这类事物在何种意义上真的可以宣称是领先于时代，而不是仅仅存在于事物实际所处的时代？如果一件作品真有可能是未来派，那么它可以在时代前列占据多久时间？它会经过多长时间被其他作品迎头赶上？

这张关于未来的图片源自弗里茨·朗（Fritz Lang）于1926年拍摄的电影《大都市》（*Metropolis*），在图中，我们发现了面貌奇怪的大都市景象。尽管这引发了一些我们曾经提过的问题，但它是以视觉形式呈现。这张图片在暗示我们，让我们想象发生了什么，怎么可能创造出这样一座未来城市？或者这张图的目的仅在于确定这样一种想法，即这不过是20世纪20年代对于未来的想象而已？

86

我们可以表现时间吗？

我们可以表现时间吗?

物体、图像和文本具有不同的时间流形式。这种时间流可以以许多方式表现出来。物体的时间流可以被认为与其生命周期相关联,同时也与如何度过它的生命周期有关(如手杖是专为动作缓慢的人设计,而摩托车则是速度的象征,似乎是为快节奏生活的人所设计)。图像的时间流也许可以通过如何将不同时间和时刻的适时运动呈现在不同媒介之中的例子加以说明(如一幅油画也许能捕捉一个转瞬即逝的微笑,或者多个图像并列出现在一部电影中可能会显示一匹马的运行速度)。文本的时间流也许是如何安排某一文本和其他文本,文本是如何间隔的,具有哪种形象和听觉特性(如缓慢、冗长的句子可能在某个剧本中显而易见,而快速、短音节的句子则在一首诗中明显可见)。

慢可以是沉思的、灵魂的、迟钝的、无聊的、悠闲的、慎重的或放松的。一幅静物画可能静止不动使得观众驻足思考。儿童读物可以不断重复,对于成年人来说也许显得拖沓无趣。一首诗可能是冥想,让我们适时品味单独的瞬间。另一方面,快速可以是令人兴奋的、充满活力的、精力充沛的、鼓舞人心的、危险的、激动人心的。电影中快速的飞车追逐可能让人刺激兴奋[比如史蒂夫·麦奎因(Steve McQueen)的电影《子弹》(Bullet)中的飞车追逐戏]。一幅使用快速笔触完成的油画显得充满生命力[比如杰克逊·波洛克(Jackson Pollock)的作品]。一曲快速演奏的音乐可以振奋人心[比如贝西伯爵(Count Basie)的《呼喊与感觉》(Shout and Feel It)]。

人们也许会误解我们是否能呈现时间这个问题,也就是说,我们是否认为这是关于如何描述时间现象的问题。这是因为呈现花费时间的事物有很多方法,我们经历时间的方式也许都不"真实"(实际上,我们可能并不知道我们是否就是在经历时间)。在拍摄这张一道闪电的图片时(只用了极短的瞬间),我们可能会发现我们已经将快速的经历和特性转化为缓慢的经历和特性。那么拍摄这张照片的过程中闪电失去了时间特性(但同时也获得了新的时间特性)。

文本结构

正因为有了沟通的通用媒介——语言，人类才得以区别于其他动物。这种差异在现实中可以体现在人类的平均阅读词汇量上——人均阅读词汇量大约是 4 万个单词，而即使是受过类语言沟通教育的最聪明的猿类，最多也只能掌握大约 400 个符号。

自然语言使人类具有高度成熟的思维，其自身则具备了有序的结构。传统观点上，该结构的一部分被称为"语法"，另一部分被称为"语意"，而第三部分被称为"语用"。语言的语法告诉我们，任意组成的句子在语法上何时正确，何时错误。语意则是关于我们用各种语法规则构造句子最终指意为何。语用关注的是意义受个人和社会背景影响的方式。虽然用于句子构成的语法规则与句子的交际意义以及它们所在的社会和文化背景完全不同，但实际上它们在众多方面共同协作，而在语言上的协作仅是其中的一部分。

符号学者最感兴趣的是如何用人类语言来创造意义。自然语言的基本单位当然是单词。然而在大多数情况下，我们不会单独地解释单词，而是将其作为句子的一部分进行解释。我们通过句子来表达自己，向他人传达想法。换句话说，句子可以表达思想，但另一方面，句子也可以根据语境改变它们的含义。思考以下句子：

1. "我就是红心皇后。"
2. "我就是红心皇后。"这是那只老鼠的原话。
3. "我就是红心皇后。"这是那只老鼠的原话。路易斯·卡罗尔梦到一只老鼠和他说话。

最初，我们可能会认为是人在说话。然而第二个句子告诉我们，那不是人，而是一只老鼠。这改变了我们对第一句话的理解。然而，只有当我们看到第三句时，才发现老鼠说的第一句话是出现在梦里。最后一句话迫使我们重新思考其他两句话的意义。

这三个句子的意义也可能按照所构建的更为广泛的文脉而发生变化。例如，提及路易斯·卡罗尔，我们可能会认为这三个句子是取自《爱丽丝梦游仙境》（*Alice in Wonderland*），这就赋予了这些句子某种意义。然而如果这里没有提到路易斯·卡罗尔的《爱丽丝梦游仙境》，意义将相应地改变。

意义可以产生于文本的各个方面：

- 文本的形式：包括字母形状（如细、粗、大、小、有阴影、无阴影）；使用的字体（如赫维提卡体、博多尼活字字体）；字体的呈现方式（清楚明显的呈现或是以斜体、粗体呈现）；字母颜色（如饱和与转调）；布局的风格（如页面上文字的位置、对齐方式、集中排列还是分散排列、是否或如何重叠以及分页符的位置）。所有这些形式特征都会赋予某些文字不同于其他文字的权重和强调，从

文本结构

而对交流产生影响。

● 文本的内容：包括文字的意义以及它们的所指——如果有所指的话。内容也产生于诸如标点符号等能改变所说或所传达内容的事物以及词语和句子所处的语境（如我们刚刚看到的路易斯·卡罗尔的例子）。

这样的话，就可以单独通过文本来分析意义。然而也可以就文本如何与各种图像和物体进行交互来对文本加以判断（为达到分析的目的，可能需要将这些混合的交流形式视为综合体）。那么，有必要再次对于形式和内容进行区分。因此，应考虑以下图像和物体元素：

● 图像的形式：包括各种基本结构（组成和框架）、绘画策略（透视和失真形式）及组成图像的形式要素（颜色、线条和色调）。

● 图像的内容：或许是由具体的某物组成，我们辨认出图像为一只猫、一辆车、一把椅子、一幢房子、一个人或一个国家。或者，它可

能与更抽象的东西相关，比如心脏取材于漫画背景，象征着爱和渴望。

● 物体的形式：包括各种结构（组成和方位），塑形手法（前后、上下、左右，甚至物体底部），形式要素（颜色、结构和材料）以及物体可能呈现的某种拟态（如嘴唇形状的沙发）。这些东西都是物体物理构造的一部分，相应地影响着我们对其的体验。

● 物体的内容：包括该物体是什么——一个雕塑、一种产品、一栋建筑或一件衣服，以及物体被用来代表什么——雕塑可能代表财富，产品可能代表效率，建筑可能代表权力而一件衣服（如制服）可能代表权威。

本章将专注于讨论通过迥异的方式使用语言与他人沟通的方法。我们特别引入如下内容：读者与文本、文字与图像、功能、形式、放置、突出性、声音、互文性与内互文性、派生文本与辅助语言。

这张明信片有什么奇特的地方？

亲爱的巴特先生：

谢谢您帮助我
克服困难，
力争理解
你哲学思想的边际。

谨启

雅克

亲爱的巴特先生：

谢谢您帮助我
克服困难，
力争理解
你哲学思想的边际。

谨启
雅克

92

这张明信片有什么奇特的地方？

编写文本的方法有很多，阅读文本的方法同样很多。当读者阅读文本时，经常对其做出不同的假设。在阅读文本过程中产生的一部分假设已在下文"结构主义"这一标题下列出。该结构主义列表提醒我们，我们应该经常对文本进行意义分析以赋予其统一且全面的意义。现在，对这些结构主义假设与后结构主义的假设进行对比（也已在下文中列出）。相比之下，后结构主义赞同这样一种观点，即文本可能并不是连贯的，其总体上或许没有任何意义。

结构主义	后结构主义
一致性	矛盾性
平衡	失衡
和谐	失调
统一	不统一
连贯性	不连贯性
完整性	不完整性
决议	冲突
存在	缺失
信念	悖论
行动	懒怠
稳定性	不稳定性
可靠性	不可靠性
非矛盾	矛盾

结构主义	后结构主义
线性	非线性
固定视点	灵活视点
前景	背景
意义	荒谬
完美	瑕疵
规则性	不规则性

请注意，结构主义和后结构主义概念均可用于解释图像和物体，正如它们能解释文本一样。例如，为了找出图像的意义，我们不只注意它的前景（如果我们是结构主义者我们会这样做），而可能会更关注它的背景（如果我们是后结构主义者我们会这样做）。我们不会考察那些使事物可靠的特质（如果我们是结构主义者我们会这样做），而是转换重点，尝试寻找那些让事物不可靠的特质（如果我们是后结构主义者我们会这样做）。

根据上面列出的结构主义和后结构主义概念，至少有两种方法来解读上页中的明信片。我们可以将其看作真正的明信片，这意味着试图使它具有完整意义。不然我们也可以将其看作是无意义的玩笑，读者无法从中获得实际的意义。事实上，这是一张雅克·德里达寄给罗兰·巴特的明信片，是两位作者对自己所从事的工作开的一个玩笑。

哪一个文字描述是真的？

毒 药

圣 水

毒药　　　　　圣水

哪一个文字描述是真的?

为了解一些文字和图像之间可能出现的大量交互,有人可能会首先想到不含文本的书籍。对于那些只有图像而无文字的幼儿读物,父母不得不编造故事的大部分内容。这就给了读者极大的掌控权。在这种情况下,读者成为书本阅读的关键点。与此相反,现在请想象一下没有任何图像或插图的文本,如小说,因为没有可视的指导,我们不得不依赖于文字描述来了解小说中的人物或地点。

图像自身的解释往往太过开放,以至于无法提供确切的意义供读者掌握。这可能就是为何我们需要用文字来对其加以补充的原因。文字有助于减少各种可行的解读的数量,也可以帮助我们了解图像的意义(可以从上页中的图片看出确定一幅图像的重要性,因为哪个玻璃杯装的是毒药而不是圣水显然相当重要)。

任意性解读的问题也会出现在文本中,而这就是插图出现的原因。例如约翰·坦尼尔爵士为路易斯·卡罗尔的《爱丽丝梦游仙境》(*Alice in Wonderland*)设计的插图强有力地详细说明和铺垫文本中存在的事物——爱丽丝长着一头金发,即使卡罗尔从未在书中确切描述过爱丽丝头发的颜色。

当文本片段与图像和物体相互作用时,其可以简化、复杂化、精细化、放大、确认、反驳、否认、重述或者帮助界定不同类型的含义。这可能出现于连环画、具有标题说明的图片、带地名的地图、含重叠文本的广告、含使用说明的组合家具或标明出处的雕塑中。

你明白我的意思吗？

"What is't thou say'st?"

"What is't thou say'st?"

"What is't thou say'st?"

"What is't thou say'st?"

"What is't thou say'st?"

"What is't thou say'st?"

"What is't thou say'st?"

"What is't thou say'st?"

"What is't thou say'st?"

"What is't thou say'st?"

"What is't thou say'st?"

你明白我的意思吗?

文字或句子的意义取决于他们在语言中发挥的作用。以下是"What is't thou say'st（你说的是什么）？"及"Do you know what I mean？（你知道我的意思吗）？"这两句话中文字发挥的不同作用。

情感功能：作为沟通的制造者，我们总是会表露情绪（如希望、恐惧以及各类感觉），态度（如信仰、欲望和想法），以及我们的年龄、地位、性别、种族或阶级。如果用很焦虑的语气说："你知道我的意思吗？"说话的人可能在表明他担心个人沟通顺畅的能力。当语言以这种方式揭示一些个人特征时，它就具有情感功能。

意动功能：沟通总是会对接收它的个体或成员产生影响。在本例中，如果某人不停地问"你知道我的意思吗？"或许只会引起听众的恼怒。

指代功能：当我们说出"What is't thou say'st（你说的是什么）？"词语本身可能并不重要。重要的反而是如何使用这些话来创建一种特殊形式的指代。本例中，它们指的可能是莎士比亚的语言，这是它们的来源之处。

诗意功能：诗意功能无关诗歌，而是关乎语言使用的创造性和美感。因此，"What are you saying？"（你在说什么？）和"What is't thou say'st？"（你说的是什么？）的区别在于后者的表达形式似乎具有前者所不具有的美学特质。

交际功能：通过使用"Do you know what I mean？"（你知道我的意思吗？）这一句时，我们要表达的可能是"你在听我说吗？"在这种情况下，沟通的内容是多余的，因为目的仅仅是为了保持沟通渠道的畅通。当你想要维持或建立与其他人的沟通时，可以在交际模式下使用语言以获得关注。

元语言功能：有时我们需要确保沟通的有效运作。例如当你正在发布重要指示，之后你可能会问，"你知道我的意思吗？"这是说，你谈话的内容很重要，因为你正在确认你所说的是否已经得到完全理解。在这种情况下，这一问题就具有我们所说的元语言功能。

你注意到这则广告
有何奇怪之处了吗？

广 而 告 之

亲爱的读者：

这里所列出的 37 项艺术创作是我临终前必须完成的。

1. 画出人们藏于床底的物品；
2. 按照卡尔·安德烈的作品 *Equivalent* □ 的形式放置这张明信片；
3. 用罗夏墨迹画出罗夏肖像；
4. 在冰箱里安装摄像机，以便为每个开冰箱的人拍下照片；
5. 打赌画廊老板查尔斯·萨奇将买下一张我从他那里得到的投注单；
6. 为作家 G_org_s P_r_c 画肖像，并把它做成拼图；
7. 设计一个熨衣板，把伦勃朗画作的复制品印在上面；
8. 为许多耳朵拍照；
9. 拍一部关于边缘视觉的电影；
10. 创作一件能在雪中穿的作品；
11. 将特纳的仿制品放在阳光直射的地方，直到渐渐褪色；
12. 卖掉所有我将在 2020 年创作作品的版权；
13. 编写虚构艺术品的报价单；
14. 举办艺术展，展出用红色描绘的各种图像；
15. 购买个性化车牌，并写上单词 "concept（概念）"；
16. 获得弗洛伊德的《释梦》，并对这本书进行拼写检查；
17. 用盲文写一篇关于失明的文章，并将其放在玻璃后面；
18. 想象伊夫·克莱因的《黄》的样子，并用这种黄色绘制一幅油画；
19. 为一个画展中的一幅画署上笔名；
20. 重绘威廉姆·德·库宁那幅曾被罗伯特·劳申伯格抹掉的作品；
21. 用符号语言描述一幅虚构的艺术作品；
22. 在几本书里印一些错误的书写，我乐于搞破坏；
23. 复印我最早的素描；
24. 把电视声音开得尽可能大，并制作成视频短片；
25. 把马塞尔·杜尚有关于 "艺术" 的格言制作成小册子；
26. 把雨伞在风洞里做检验的过程拍成电影；
27. 写一本符号学的书，里面配有宣传本人作品的广告；
28. 用修正液把儿童书籍里的图片涂掉；
29. 委托广告公司围绕未来十大预言进行思考，并刊载出来；
30. 出售自己的艺术品代金券；
31. 把我收集的所有艺术品放进一个大房间；
32. 造一个 Y 形棺材；
33. 为看蒙娜丽莎的人拍下快照；
34. 详述 100 项听上去陌生或奇异的艺术品；
35. 在潜艇的旅途中完成一本素描册；
36. 详细画出我一周内扔掉的所有东西；
37. 用虚拟的地址向一个虚拟人物写一封信。

你忠实的作者

你注意到这则广告
有何奇怪之处了吗?

使用不同的语言形式可以在作家和读者、说者和听者之间建立不同的关系。说和写有许多形式,以下列出的是其中一部分:

- 正式文书:学术论文、法律文书、菜单、说明、医学报告、教科书、备忘录、声明

- 非正式文书:私人信件、电子邮件、明信片

- 正式演讲:政治演讲、照本宣科的表演、学术讲座

- 非正式演说:闲聊、即兴表演、实践研讨会

尽管说和写的形式通常是有区别的,它们有时也会相互融合。广告商们常常使用融合形式来创建与消费者的各种关系。广告有时会采用信件的形式。如果这是一封采用个人化口吻的信件,那么这就将会在广告商与其阅读者之间形成亲密的错觉。这种亲密感能有效解除读者的戒心,反过来读者也容易受到广告商试图传达信息的影响。

上一页的文字中使用了许多相互冲突的格式。我们从开篇可以看出它是一则广告,但在某些方面它似乎又是一封信,它也具有声明的某些特征。"亲爱的读者"和"作者"同时出现在表意页面,似乎让人觉得框中的文本是出现于其他语境(例如关于符号学的一本书)。将各种有着固定结构的熟悉的书写方式结合起来,可能会让文字变得晦涩难懂。然而通过挑战现有语言结构,我们仍然可以获取某些优势,其中之一就是可能演化出新的意义。

我们或许会注意到有趣的一点,或许作者将按照前页的文字限量印刷,将其作为艺术品独立出售。

你更喜欢哪个人？

乔治·艾略特是快乐的、
尽责的、自然的、爱挑剔的、
倔强的和猜忌的。

玛丽·安·埃文斯是猜忌的、
倔强的、爱挑剔的、自然的、
尽责的、快乐的。

乔治·艾略特是快乐的、
尽责的、自然的、爱挑剔的、
倔强的和猜忌的。

玛丽·安·埃文斯是猜忌的、
倔强的、爱挑剔的、自然的、
尽责的、快乐的。

你更喜欢哪个人？

尽管是一样的描述，但我们对这二人的评价可能取决于词语的使用顺序。在这个案例中，我们的态度由所谓的"序列位置效应"决定。如果与玛丽·安·埃文斯相比，你更喜欢乔治·艾略特，或许是因为最开始列出的品质使人更容易记起——它们在我们记忆中停留的时间更长——因而易于对我们的思维造成更多影响。有时这也被称为"首因效应"（对于女性来说，这是陈词滥调了，因为与男性相比，她们很可能嫉妒心更强、更挑剔，这同样能够以负面的方式影响我们）。

从填字游戏到易位构词或回文法，许多游戏和消遣方式明显表明我们乐意在单词和字母的位置上下功夫以创造新奇的意义。将两个单词拼接在一起是生成新意义的方式之一。例如，如果我们选择拼接"internet"与"intellectual"这两个单词，那么将生成新的混合词"internetual"。 完成拼接后，我们可能会为这一新的单词选定某种意义。在这里，"internetual"这一单词可能指的是专门从互联网上获取情报的人，又或许是错误的情报。

以新的顺序放置单词有时可能会使我们感到突然或惊讶。剪接诗歌的方法便可作为例子。这种作诗的方法在被称为达达主义者的艺术家中颇受欢迎。特里斯坦·查拉是他们中的一员，他表示作诗的方法之一是找一份报纸，剪碎后在袋子中将碎片打乱，然后随机取出并记下取出时的顺序和它们的内容。

读一遍以下的单词，
然后翻到下一页：

word

quest?on

banana

evil

sdrawkcab

live

ghoti

enough

women

ration

fish

laughter

daughter

I

Want

To

Be

Like

You

buy

repetition

repetition

man

ate

net

subtra_t

memory

Leslie Welch

supercalifragilisticexpialidociouslyantidisestablishmentarianismist

~~wrong~~

games

```
word
quest?on
banana
evil
vdrawkcab
live
ghoti
enough
women
ration
fish
laughter
daughter
I
Want
To
Be
Like
You
buy
repetition
repetition
man
air
net
whfrta_t
memory
Leslie Welch
supercalifragilisticexpialidociouslyantidisestablishmentarianismxst
wrong
games
```

读一遍以下的单词，
然后翻到下一页：

尝试尽可能多地记住你刚刚读过的单词。你记住的单词是哪些？对于你来说哪些单词最突出？问问你自己为什么会这样。我们能够记住某些单词，并非是因为它们对我们有着更好的个人化含义？或者说是因为它们更加特殊？一旦你开始思考这个问题，你将会接着读下去……

我们通常会记得一本书、一部电影、一个电视节目或一场讨论最初的片段。这些事物对我们来说通常印象更加深刻。相比之下，中间所讲的事物则常常更模糊。最近的事件在我们脑海中也更为深刻。谁能忘记"9·11"这一天呢？事件会因为总是被重复、重复、再重复而令人难以忘怀。

如果某些事**显得突出**，无论因何种原因，它们都更容易被记住。

具有固定模式的事物也一样。

```
$$$$$$$$$$$$$$$$$$$$$$$$$$$$$$$$$$$$$$$$$$$$$$$$
$$$$$$$$$$$$$$$$$$$$$$$$$$$$$$$$$$$$$$$$$$$$$$$$
$$$$$$$$$$$$$$$$$$$$$$$$$$$$$$$$$$$$$$$$$$$$$$$$
$$$$$$$$$$$$$$$$$$$$$$$$$$$$$$$$$$$$$$$$$$$$$$$$
$$$$$$$$$$$$$$$$$$$$$$$$$$$$$$$$$$$$$$$$$$$$$$$$
$$$$$$$$$$$$$$$$$$$$$$$$$$$$$$$$$$$$$$$$$$$$$$$$
$$$$$$$$$$$$$$$$$$$$$$$$$$$$$$$$$$$$$$$$$$$$$$$$
```

所有这些事物均能够突出各种文本。但是问题在于试着突出文本时——突出某物确实是突出特定意义并表明它们比其他事物更重要的一种方式——不得不对照并不突出的事物来完成。这也是为何令人激动的事物——无论是物体、图像或文本——仅当在具有不够刺激的事物作为对照的情况下才能够存在。

需要记住的是，在你脑海中，一本书、一部电影、一个电视节目或一场讨论的结尾也常令我们印象深刻，它们在脑海中的逗留也会比中间情节更清晰持久。

这则对话有多真实?

文字游戏

第一幕

场景:艾利图书馆

野兔:我刚刚看了一本书。

乌龟:嗯,我也是。

野兔:(讽刺地)真的吗?

乌龟:是真的。你不必大喊大叫的。这里是图书馆。大家都在听呢。

野兔:(轻声地)对不起。

乌龟:总之,我更加关心的是书的名称。

野兔:什么?

乌龟:这本书的名字是什么?

野兔:书?

乌龟:是的,这本书的名字是什么?

野兔:书?

乌龟:你在重复你自己的话。

野兔:什么?

乌龟:你在重复你自己的话。

野兔:(慢慢地)这本书的名字就是书?你理解不是很快,是吗?

乌龟:我很确定一点,这不能同《本书的名字》相提并论。

野兔:这是为什么?

乌龟:我就是我刚刚所说的那本书的作者。

野兔:(迷惑的)啊呀!《书的名字》?我认为我没读过那本书。

乌龟:那是因为它根本就不存在!所以你没办法读到它……除非,当然,如果你住在我的想象里面。

野兔:你根本不可能读到的书的重点是什么?

乌龟:我不确定,但它省得你拿来拿去。这本书可是很重的。

野兔:事实上,我也喜欢休闲阅读。

乌龟:图书馆确实有一个休闲读物区。我带你去吧。

野兔:你之前听说过《玫瑰之名》吗?

乌龟和野兔逐渐消失在图书馆的黑暗迷宫中。

这则对话有多真实？

可以通过各种各样的方式阅读和理解文本意义，这取决于它看似如何（其语相特征）、听似如何（其语音特征）及它所表达的意思如何（其语意特征）。方括号内给出的是取自前页中的一些例子：

人称代词。如果你力图为文本营造个人感觉，那么使用"I"（我）是很有帮助的。这也将有助于使发言者具有个人特色。另一方面，使用"we"（我们）隐含团体定义及领域范围。["I was in a book once."（我刚在读一本书）]

韵律特征。这些属于强调及语调的范畴。可通过诸如不同字体（如大小和形状）、模仿笔迹（如通过不同的文体特征），以及标点符号使用（如斜体及感叹号）来加以呈现。[REALLY?（真的？）]

流畅与不流畅的特征。流畅强调的是语流的连贯度；不流畅强调的是语流的不连贯度，即结巴和犹豫……["So you can't really read it...except, of course, if you inhabit my imagination."（所以你没办法读到它……除非，当然，如果你住在我的想象里面。）]

口音。口音通常在口语中较为明显，尽管在书面语中可通过对标准拼写加以修改来表示。["Blimey!"（啊呀！）]

词汇。无论是日常会话或方言中，词汇均能体现出所涉说话者的年龄、性别、社会地位及种族。["Anyway, I am concerned to know the designation of the book?"（总之，我更加关心的是书的名称。）]

重复。重复通常被用于强调故事（尤其是儿童故事）、广告及政治演说。[HARE. *Book*? TORTOISE. Yes, the name of the book? HARE. *Book*?（野兔：书？乌龟：是的，这本书的名字是什么？野兔：书？）]

语法。语法不仅涉及句子的构成方式，同时也说明了所涉说话者的年龄、性别、社会地位及种族。["I was the author of the book of which I have just spoken."（我就是我刚刚所说的那本书的作者。）]

交互式标志。对于理解（或缺乏理解）的重叠、打断、强调，诸如"er"（嗯）、"mm"（哦）、"um"（嗯）、"oh"（哦）、"yeah"（耶）、"ugh"（啊）、"eek"（唷）及"aargh"（啊哈）等的声音，以及监测性表达（如"you know"（你知道）等短语）均为互动标记。["Er, so was I."（嗯，我也是）]

话题转换。话题转换在书面语及口语中通常很明显。["TORTOISE. The library actually has a light reading section. Let me show you. HARE. Did you ever see *The Name of the Rose*?"（乌龟：图书馆确实有一个休闲读物区。我带你去吧。野兔：你之前听说过《玫瑰之名》吗？）]

这能是真的吗？

你正在阅读的这本书真实的书名是：

后现代主义者
总会读两遍

后现代主义者
总会读两遍

这能是真的吗？

《邮差总按两次铃》（*The Postman Always Rings Twice*）这部电影首次拍摄完成于 1946 年。我曾使用过《后现代主义者总读两遍》（*The Postmodernist Always Reads Twice*）这一书名，因为在一定程度上，后现代主义认为作品不能在孤立环境中被理解，而是要相互参照着去理解。

"互文性"，用于描述各类作品（如书籍、绘画、雕塑、设计、广告等）如何通过巧妙的方法为其他作品（如其他书籍、绘画、雕塑、设计、广告等）提供参照。它也对这些作品所创造的各种意义如何相互联系进行描述。这可以通过翻译、仿效、混杂、抄袭、典故、致敬、效仿、引用、回收利用、伪造、续篇、前篇及重制等方式来实现。这种作品间相互形成的关联常常从结构（如某书的版式可能是仿效

自另一本书）或内容（如情节，或是人物的名字可能会相同）的层面找到例证。另一方面，"内互文性"被用于描述同一作品不同部分间的内部关系。涉及同一书籍两章节之间的关系、同一图画所描绘的两人物之间的关系或组成同一收藏品的两个或多个物体间的关系等。

当谈到所谓"虚构的"本书书名时，知悉这部电影的存在能使你有所参照。一旦你知道这一"虚构的"书名的出处及为何后现代主义是关于我们如何通过多种关联来理解整个世界，你会开始意识到阅读和理解这样一种"虚构"书名的方式不止一种。这样，你也许会欣赏我试图开的这一自我参照的玩笑。但是，这仅是个玩笑吗？

何为派生文本？
何为辅助语言？

派生文本是附加于主体的论述，它可以增加或改变主体的含义。

1 与非言语交流的辅助语言相反，派生文本是可以增加或改变原文含义的文本成分。

何为派生文本?
何为辅助语言?

标题、献辞、致谢、商品信息、题词、开场白、介绍、脚注、插图、旁注、勘误表、尾注及索引均被视为派生文本。派生文本位于作品主体之外，以一定的方式对作品进行注解或改变其含义。如果我们注意到勘误表，那么派生文本改变文本含义的功能便显而易见了。假设你在查阅一本有关蘑菇的书籍，希望找出当地树林里哪些是可食用的蘑菇。然而，出现在该书籍中的勘误表指出"第一页第二段第三行应该解读为：'假羊肚菌可致人死亡。'"该勘误表不仅仅只是更正了错误，它毁了整本书，因为如果作者或出版商让第一页就出现常识错误，我们也许会得出这样的结论，即错误将会遍布后面每一页。

辅助语言指的是非言语交流，通常与给定文本并存，或在其周围出现，为特定文本提供支持。非言语交流有助于支持或修改主要文本的含义。例如，当我们遇上一个人正在谈论或阅读一本书时，我们必须注意他所讲的话，同时也必须注意他的身体动作、面部表情、他所做的手势、他与我们的身体接触、他的穿着及他是否与我们有眼神交流。此外，我们可能会注意到他的语调及所有明显的演讲效果，如这项交流是否伴随有笑声或哀伤。换句话说，在我们识别某一特定文本作为意义的中心点时，任何给定文本之外都会存在某些事物来影响及改变我们理解和解读它的方式。

诠释的要素

你将如何诠释 10-2-4 这条信息？仅此而言，这几乎是无法理解的信息。这是因为我们不知道其产生的方式、地点、原因或目的。然而一旦你知道它的语境，就会明白这条信息的意义。这就是我们如何准确解读 10-2-4 所需要的信息。

10-2-4 这组数字最早出现在"胡椒博士"饮料瓶身和它的广告中。1927 年，基于对疲劳的研究，研究人员表示人们的能量值在大约在上午 10 点 30 分、下午 2 点 30 分和下午 4 点 30 分会降至最低。"胡椒博士"饮料会给你提供能量，本研究为人们一天三次饮用此饮料提供了依据——确实有些人这样做了。这家公司通过让人们以他们希望的方式主动探究如何正确解读这条信息，让这条信息更容易被接受。

类似上述信息产生一个问题，即我们需要理解信息代码，从而破译它。在此例中，很难发现代码是什么。然而这并不是说我们用于理解信息的所有代码也同样难以解读。事实上，像这样的信息和大多数我们日常遇到的信息之间的区别在于后者通常以更好辨认及更人性化的形式出现。换句话说，所有的信息都是代码，所有的代码都可以被解码（原则上，即使在实践中不总是这样）。但由于一些代码比较令人熟悉，所以比另一些更容易解码。例如警告标识、健康咨询海报、简单的说明手册、食品配方、纪实摄影和新闻节目，解读这些看上去很简单，它们使用代码包含的信息是我们所熟悉的，就

使得解码显得容易。相比之下，秘密联系、神秘的填字游戏、青少年文化中的语言和俚语、学术术语、警方无线电编码和军事信号等则不容易解读，是由于这些信息所用的代码故意被隐藏了。在这些情况下，解码似乎更加困难。

通常当信息解读起来有困难时，我们才会探索隐藏在表面之下支撑它们的深层结构、未知基础、隐藏符号、潜在模式。然而如果信息看上去是易懂的，我们往往不会去寻找这些。符号学者工作的一部分就是揭示这些我们感兴趣的能够为各种传播形式提供背景的要素。符号学者会这样做是因为通过进行各种形式的分析，他们可以揭示我们为理解各类信息，即便是表面上看起来清晰可辨的信息，到底需要多少背景资料。

所有这些使准确性看起来似乎是解读的最终目标。当然，这通常是最终目标。毋庸置疑，我们应该避免错误观念、错误想法、错误估计、形式误报、混乱、失误、失察和误解。然而鉴于我们受制于不同个人、社会、文化背景和历史偏见，这经常是难以实现的。为此，对我们来说重要的是凝思能帮助我们解读任何信息的各类编码、设想和惯例。如此一来，由于生活经历和思维方式中存在各类分歧，我们可能会变得对那些无意识中娱乐消遣的假设、前提、偏见及各种形式的偏好更加关注。通常，如警告标识、健康咨询海报、简单的说明手册、食品配方、纪实摄影和新闻节目等，其实际意义远远多

诠释的要素

于我们最初认为所传达的意义。对于某特定道路限速的警告标志可能反映了试图改变交通事故发生率的政治决策，而性活动健康咨询海报则可能反映了特定社会约束其公民"道德"行为深层次的价值取向。

当涉及对标志的解读，我们的理解通过我们所拥有的，对不同种类主题的各种概念和构想来中转，通过事物、图像和文本拥有的各种内涵和外延；通过构建文化现象的布局和规章（语言），以及由这些布局和规章构建的特殊实例（言语）；通过编码，我们把不同的东西结合起来，创建一个有序的符号序列（语段），并在这个序列中进行适当的替换（范例）；通过事物的个体特征和范式类型之间的区别；通过成功地使用事物、图像和文本等所应遵循的规则；通过允许我们对事物进行分类和组织的各种类型；通过形成常见知识形式的惯例；通过我们设计用来理解（和误解）我们自认为了解事物的方法。

这一章将说明从理论上说，诠释将会永远地持续下去。这是因为我们总是可以用新的和不同的方式来看待事物——我们也常常这样做。毕竟像莎士比亚（Shakespeare）等作家，巴赫（Bach）等作曲家，达·芬奇（Leonardo）等画家，米开朗基罗（Michelangelo）等雕塑家，这些艺术家们高贵品质之一便是，随着历史的推进，他们可以，也能够找到新的诠释主题。在实践中我们必须牢记，当我们需要得出结论或者当我们已实现行为目标时，诠释也就结束了。

你能区分橡树和榆树的差别吗？

你能区分橡树和榆树的差别吗?

不同种类和不同数量的信息都可以影响我们的概念。以"橡树"和"榆树"的概念为例,假设我们与邻居在花园里谈论这些树,我们提到了今年已经为橡树和榆树进行过修剪。或许邻居可以理解我们所说的话,即使他不能明确地辨认哪棵树是哪个品种。在这个例子中,邻居用于对"橡树"和"榆树"概念进行编码的信息只是泛指树的品种。

现在想象一下,还有一位邻居擅长区分橡树和榆树。这个邻居可以区分两种类型的树的树干外观,叶子的特征,以及每种树干的大小和形状。这个邻居对橡树和榆树的理解有很强的认知能力。因此,尽管他与第一位邻居使用了相同的概念,他对"橡树"和"榆树"概念的理解(或思考)更富有经验。

假设还有第三位邻居,他是生物学方面的专家。他知道如何识别上述树木,他也知道橡树是栎属,属于壳斗科,而榆树是榆属,属于榆科树种。因为他有关于橡树和榆树的科学知识,他的认知相比之前两位邻居更成熟。(注意:尽管有人可能对橡树和榆树是什么有着一般性的理解,也能给出这二者的生物学描述,但他们未必一定拥有识别出它们的能力。例如一个人生活在没有种植橡树和榆树的地方,他就可能无法识别它们。)

如果人们对他们使用的概念有不同的信息编码植入,他们对这些概念的见解(或思考)就会不同。这就是为什么社会大众、园丁和生物学家对橡树和榆树的想法或理解可能会有很大的不同,即使他们是用完全一致的概念在相互交谈。

这个感叹号是否会引起歧义?

"好漂亮的笔迹!"

"好漂亮的笔迹！"

这个感叹号是否会引起歧义？

当我们说话时，不仅要弄清楚说了些什么（表意），同时也要弄清楚如何表达（本意）。假设有人问我对于某个特定文本的看法，我回答"好漂亮的笔迹！"这是一个表意的置评，表示书写的质量。然而这句话也可能有字面上的本意（即这个人确实写得一手好字），或非字面的本意（即这个文本仅仅是字好看而已）。换句话说，"好漂亮的笔迹！"这句话的内涵取决于特定的语境和用什么方式表达。

为了更好地理解本意和表意在图像方面的体现，我们设想一下两张同一人在同一时间、同一地点的照片是如何拍摄的。假设第一张照片是彩照，采用了柔焦，对比柔和。第二张照片是黑白照，用了亮焦，对比强烈。两张照片都有相同的表意（即表现同一事物），但有不同的本意（即它们的意义不同）。这是因为表意是涉及拍摄何物，而本意是涉及如何拍摄。

本意和表意的区别在物体上也同样适用。拿衣服来说，当我们穿衣服时，重要的不只是我们穿的是什么（表意），如何穿着（本意）同样重要。你可以在两个不同的场合穿完全相同的衣服（表意），但如果穿着场合不同，目的不同，则意义不同（本意）。例如作为一个真正的警察穿警服和在化装舞会上穿警服则完全不同。第一种情况，身着警察制服可能为了以正装来建立权威。第二种情况可能是为了休闲，以非正式的服装来营造娱乐气氛。

这张菜单有什么问题吗？

这张菜单有什么问题吗?

"语言"和"言语"都是符号学的术语。"语言"表示的是事物、图像、文本使用的编码(或是结构、系统、计划、意义,或是规则组)。而"言语"是关于特定的实例,是被人为制造来使用的。语言为每个言语的个例提供有组织的含义。例子如下:

语言	言语
菜单的安排	一个特定的菜单
明信片的格式	一张私人的明信片
小说的结构	一部特定的小说
电子邮件的结构	一封私人的电子邮件
礼品目录的设计	一份特定的礼品目录
电视节目安排表	一份特定的电视节目单
票的陈列	一张特定的机票
作品的构成	一幅私人的画作
遗嘱的制定	一份特定的遗嘱
文法规则	一个特定的句子
口头表达的习惯	一句口头话
对话的形式	一次特定的谈话
电影语言	一场特定的电影

正如我们所看到的,每一个符码、结构、系统、计划、结构或是一套规则(语言)都为它在具体例子(言语)中的使用进行调节并赋予意义。

例如,一份具体的菜单(言语)在版式和结构将遵从一般菜单的规律(语言)。为了满足菜单的功能,就需要有一些可互换的部分(例如用不同种类的开胃菜、主菜和甜点),这些组合可以反映出食物的味道、样式、实用性,以便适应特定的社交场合和规范(试想一下正式的晚宴菜单和生日聚会菜单设计的不同)。

我们可能会说,菜单有一种能反映饮食习惯的语言。但值得注意的是在某些特定的场合,菜单的标准结构需要有一些变动。如果你想尝试过以往的生活,这种改变是必要的。这样的话,你可能需要一份如同上一页那样的菜单。

以这种方式来搭配服装是否很奇怪?

以这种方式来搭配服装是否很奇怪?

在上一页的图片中,衣服和帽子的搭配是不协调的。社交法则规定礼帽应该与西装搭配,棒球帽应该同运动服组合。这并不是说你不能按图片上的方式来搭配,只是这样会制造滑稽的效果。如果着装者本意是想达到这种效果,这样的搭配方式就是很好的。

不同的社会根据不同的文化符号来规范服装的搭配。这些符号或许能反映出早已存在的品位规则(例如"我能够用红色的裤子搭配绿色的鞋子吗?"),社会要求(如"当我佩戴印花大手帕时我将属于哪一组群呢?")或仪式性情节(如"当我参加面试和与之截然不同的体育比赛时,我应该如何穿着?")。

当我们把服装组合在一起制造整体效果时,我们称为"结构体"。结构体是符合一系列特定社交规范的任何事物的组合。这就是为什么当我们发现一个朋友出席葬礼衣着不适宜时,我们也许会说:"你暗色的衬衫搭配了黑色的裤子,但不应该同时搭配亮黄色的袜子,这将破坏葬礼严肃的气氛。"

组合的法则形成了结构体,同时,替代的法则形成了所谓的"范式"。社会准则创造了范式,说明在特定系统内,某事物可以被代替、附加或删除,同时不破坏系统。再次把服装作为例子,如果我们希望穿着休闲时,很多 T 恤都可以替换自己所穿的那一件,同时也完全不会影响到力图营造休闲的"结构体"。但我们不能用正式的礼服衬衣来代替这件 T 恤,否则将破坏有意营造的休闲效果。

这个框里有多少个单词？

MANYMANYMANYMANYMANYMANY
MANYMANYMANYMANYMANYMANY
MANYMANYMANYMANYMANYMANY
MANYMANYMANYMANYMANYMANY
MANYMANYMANYMANYMANYMANY
MANYMANYMANYMANYMANYMANY
MANYMANYMANYMANYMANYMANY
MANYMANYMANYMANYMANYMANY
MANYMANYMANYMANYMANYMANY
MANYMANYMANYMANYMANYMANY
MANYMANYMANYMANYMANYMANY
MANYMANYMANYMANYMANYMANY

```
MANYMANYMANYMANYMANYMANY
MANYMANYMANYMANYMANYMANY
MANYMANYMANYMANYMANYMANY
MANYMANYMANYMANYMANYMANY
MANYMANYMANYMANYMANYMANY
MANYMANYMANYMANYMANYMANY
MANYMANYMANYMANYMANYMANY
MANYMANYMANYMANYMANYMANY
MANYMANYMANYMANYMANYMANY
MANYMANYMANYMANYMANYMANY
```

这个框里有多少个单词?

```
ONE  ONE  ONE  ONE  ONE  ONE
ONE  ONE  ONE  ONE  ONE  ONE
ONE  ONE  ONE  ONE  ONE  ONE
ONE  ONE  ONE  ONE  ONE  ONE
ONE  ONE  ONE  ONE  ONE  ONE
ONE  ONE  ONE  ONE  ONE  ONE
ONE  ONE  ONE  ONE  ONE  ONE
ONE  ONE  ONE  ONE  ONE  ONE
ONE  ONE  ONE  ONE  ONE  ONE
ONE  ONE  ONE  ONE  ONE  ONE
ONE  ONE  ONE  ONE  ONE  ONE
ONE  ONE  ONE  ONE  ONE  ONE
```

如何回答这个问题取决于你是用表征还是类型来看待这些单词。在这个框里,表征的数量与单词数是相同的。在第一个框里,共有 72 个单词"many"的表征。在第二个框里,共有 72 个单词"one"的表征。但是在每个框里只有一种单词类型。在第一个框中所使用的单词类型为"many"。在第二个框中为"one"。请注意,相同单词类型的不同表征可以根据产生它们的不同方式来诠释。这是具有同一类型单词三种不同的表征,每一种都有不同侧重:smell, Smell, SMELL。在这个例子中,每种表征都可以用不同方式来解读,是因为它们给出的侧重是有差异的。

表征和类型的区别可以应用于事物、图像以及文本。一个特殊的青铜雕塑可以作为某个特定博物馆的表征。但如果我们知道有不止一尊青铜雕塑用同一模具铸造出来,那么我们很可能遇到在其他地方也有完全相同的青铜雕塑的情况。同样,如果有一份印本,一幅版画(如蚀刻作品)就可以作为这一系列的表征存在。每幅表征印本(假设印于相同的板)都是相同类型的例子。关于表征和类型的差异同样用于仿制品(如装饰模具)、副本(如遗嘱)、摹本(如手稿)、复印件(如信件)、翻版(如家具)、再版(如书籍)以及模型(如汽车)。

令人吃惊的是,适用于事物、图像和文本的这种差异同样适用于思想。若有两个人说出"我喜欢符号学",他们将分别说出这句话的不同个性表征,但他们却有同一类型的思维。

使用这个螺丝锥的规则是什么？

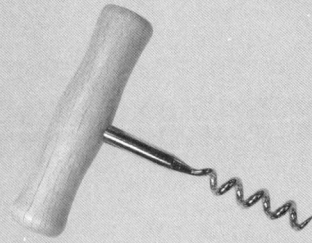

使用这个螺丝锥的规则是什么？

当面对日常物品时，我们遵循规则以确保我们能够成功地使用它们。使用这个螺丝锥的规则很简单：

1. 紧握住螺丝锥的手柄，以顺时针方向将螺丝纹塞入瓶子。
2. 当螺纹完全插入软木塞时，慢慢将螺丝锥的手柄往上拉，同时保持另一只手紧握瓶身，直到将软木塞拔出。

若习惯用右手的人，使用专供右撇子的螺丝锥，这些规则毫无问题。但让他们去使用专供左撇子的螺丝锥时，这些规则便不适合了。这是因为适合左撇子的螺丝锥（如上页所示）上螺纹的方向是相反的。若要用左撇子专用的螺丝锥打开瓶子，你需要从逆时针方向进行旋转。

通过这个左手专用螺丝锥的例子，我们应该意识到我们有多么地依赖对于规则的正确解读，同时也应该看到正确的使用往往取决于隐含假设、社会习惯、文化规范、类型的一致性、培养的形式、使用传统以及教育倾向。我们对于使用规则的直接深思非常重要，因为我们常常会忽略自身行为是多么依赖于这些规则。的确，我们每天都会使用拥有隐性说明书的物品，都会看到有隐藏代码的图像，都会默默遵从有语言机制规则的文本。如果我们没能注意到这些规则，那么我们也没有机会质疑它们，从而创建新代码以及意义的形式。

这幅画中间的女人看上去是真的吗?

这幅画中间的女人
看上去是真的吗？

在桑德罗·波提切利（Sandro Botticelli）的这幅《维纳斯的诞生》（*Birth of Venus*，约 1485—1486）中，我们看到一个女人即将从一个巨大的贝壳中踏入岸边。这幅作品有些奇怪，女人伸长着脖子，肩膀怪异地倾斜着，她的胳膊和腿显得笨拙，还有她的身高这些都让她看起来很不自然。这其实明显是一个关于结构独特性的例证：这不是一个真实的女人。它是爱与美的女神——维纳斯。所以这里表现的是一个关于美的概念，这也是为何波提切利在这幅画中用了伸长与扭曲的原因。解读这个信息唯一难点在于你必须能够理解这里使用的惯例。惯例是让我们理解正在发生的事件的一致的理解系统。本例中，你需要明白人体的延展——这个惯例在当代时尚画中也常常用到——为了让这幅画更美，波提切利把这个女人的形象理想化了。

除了我们常用的符码，我们没能认识到惯例所使用的符码对于文化而言并不总是清晰明确的，而惯例恰好常用来充当文化的这个部分。20 世纪 70 年代，在向太空发射的先锋号宇宙探测器上，我们曾放置了写着信息代码的金属片。这块金属片上画着一个男人和一个女人。这样做的目的是希望将地球上的人类生活通过一个简单的方式与在宇宙空间中可能遇到的其他智慧生物交流，同时能使他们立即对这些信息进行解码。然而，外星生物若能够理解这些信息，他们必须明白线条表示轮廓，人物是符合透视法的，男人的右手（举起）表示问候。但是即使这些外星观众们拥有眼睛——这本身就是一个很大的假设——在缺乏对这些图像性展示所具备的惯例有足够认识的情况下，我们也很难确认讯息能否得到理解。不知不觉中，我们假设了这些由画者制造的信息是完全清晰可读的。

这是艺术吗?

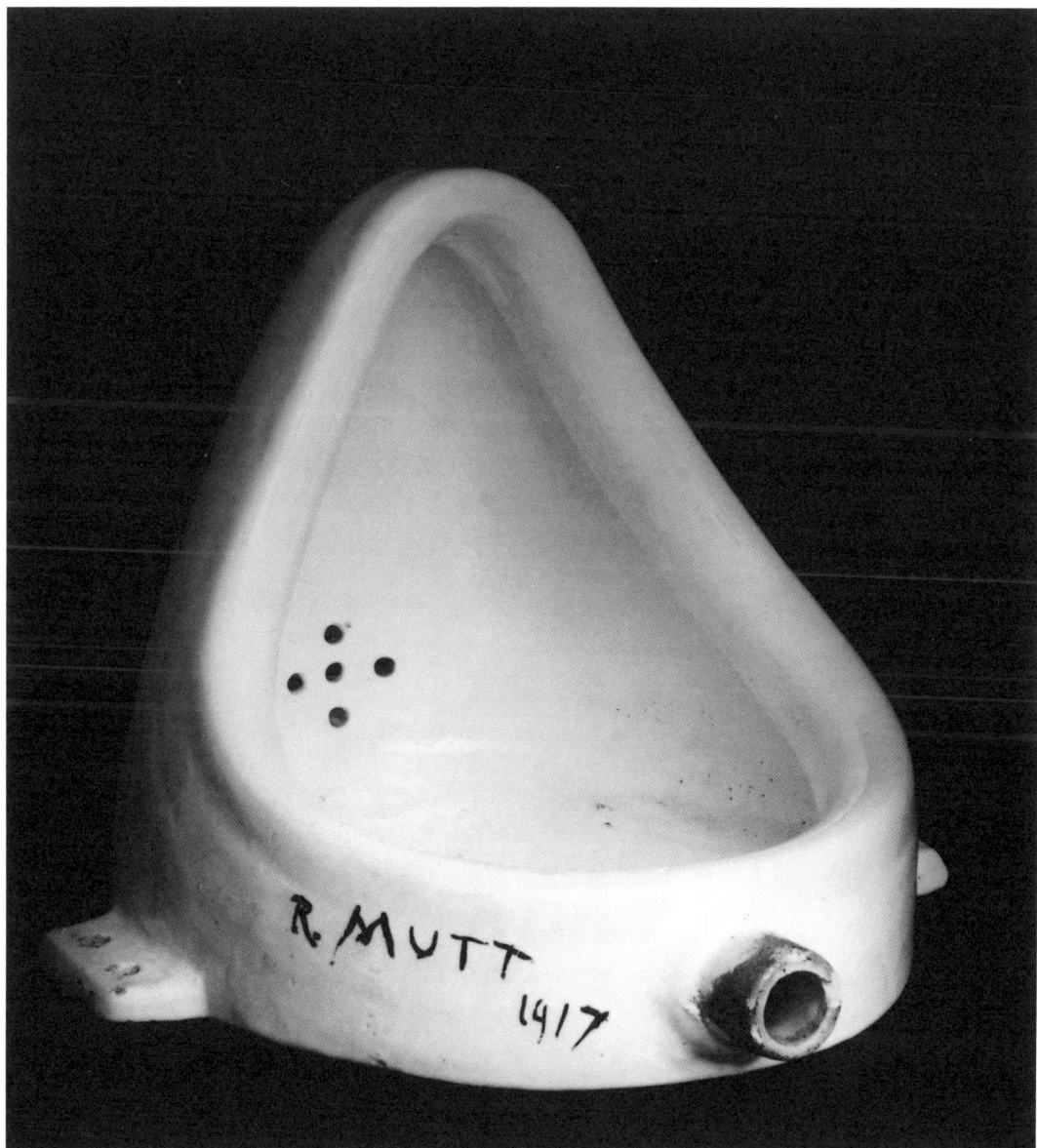

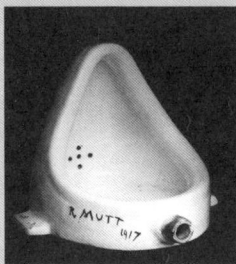

这是艺术吗？

我们对事物的分类方法很重要。如果没有对植物进行有序的编目，植物科学将永远不会取得进展。如果没有高度发达的系统设置来管理和安排它们的收藏，图书馆和博物馆就无法发展。如果没有对资料的机密等级进行某种方式的分类和分级，任何时代的政府机构都无法运行。

很明显，人类的许多领域都需要分类。进步本身也仰仗于此。然而，尽管某些事物适合分类，有些却不然。例如我们应该将艺术分为哪类事物？这里有一些回答：

1. 人们通常倾向于称之为"艺术"的所有事物。

2. 艺术鉴赏家们称之为"艺术"的所有事物。

3. 我称之为"艺术"的所有事物。

4. 在艺术画廊中作为艺术品展出的供人观赏的所有事物。

5. 被艺术家们称为"艺术"的所有事物。

6. 常识告诉我们是艺术的所有事物。

7. 拥有艺术本质属性的所有事物。

8. 引发观众艺术反应的所有事物。

每个回答都提供了十分与众不同的答案，因此也提供了分类的不同原则。分别考虑到了：（1）公众，（2）专家，（3）自我，（4）博物馆或美术馆等机构，（5）艺术家，（6）常识，（7）事物的特质，（8）我们对事物的美学反应。

当论及马塞尔·杜尚（Marcel Duchamp）的名作《泉》（*Fountain*，1917）（或小便器）时，我们会发现并不存在一个确定的答案来判断这是否是艺术。这是因为我们能够决定问题所需的独立事实并不存在。事实上，杜尚这幅作品引发了关于艺术范围与界限的讨论，而没有回答这是否是艺术。

这个手势意味着什么？

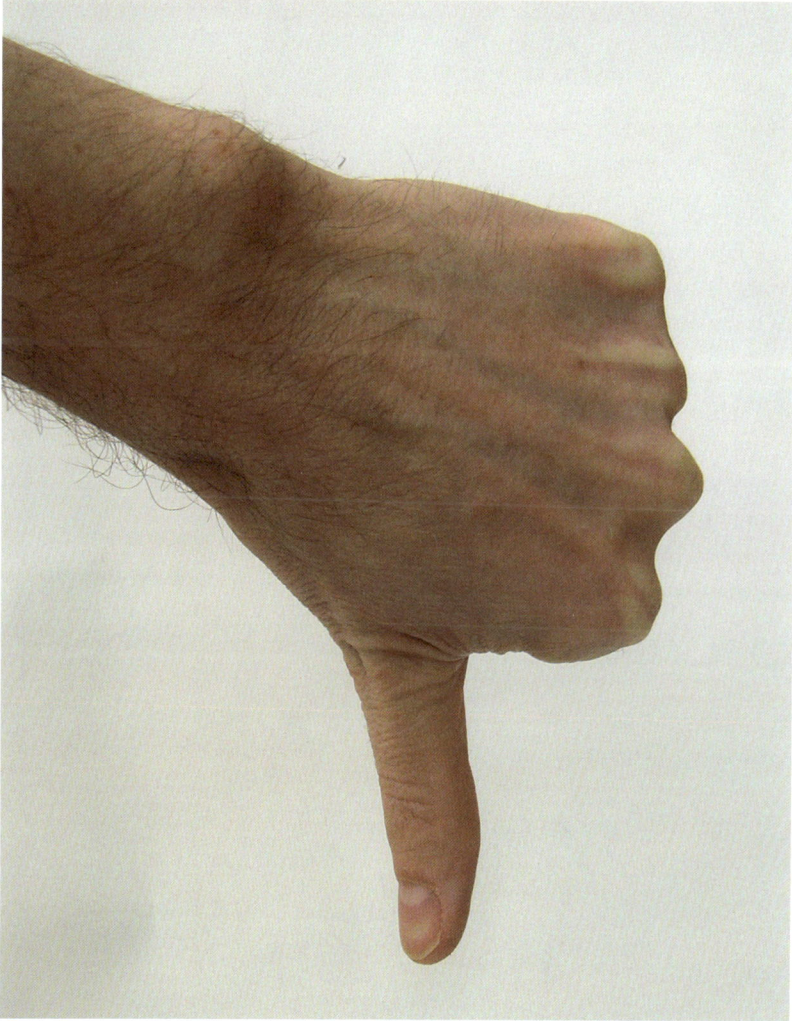

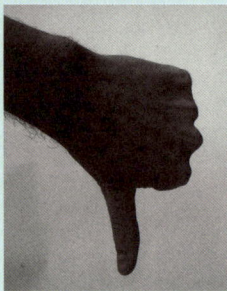

这个手势意味着什么?

手势蕴含丰富的意义。作为交流的浓缩非语言资源,手势似乎是表达赞成与反对、喜爱与不满、同意与异议的可靠方式。

某些手势,例如"指",或多或少有着普遍意义。然而其他一些,例如"向上跷拇指"以及"向下跷拇指"则在不同的语境中有不同的意义。例如在西方社会,当飞行员在起飞前或路人想要搭车时,他们会竖起拇指表示肯定态度。然而,同一手势在中东地区会以相反的角度看待,并且被视为侮辱。因此,即使是这样一个简单的手势,如若从错误的角度去解读,同样会造成巨大的误解。

向下跷拇指这个手势的历史十分有趣,这在好莱坞史诗电影中十分流行,经常被用于角斗场中,古罗马人使用这一符号代表死亡。然而,似乎好莱坞制造了一个关于符号的误解。好莱坞借鉴了法国学院派画家让-莱昂·热罗姆(Jean-Léon Gérôme)创作于 1872 年的名作《向下的拇指》(*Pollice Verso*)。在作画时,热罗姆误把拉丁文"向内"(turned in)译为了"向下"(turned down),因此他用了向下的拇指这一手势来代表古罗马死亡的标志,而正确的应该是向内跷拇指(向内拇指的手势代表刺向胸部)。令人惊奇的是,这种误解到现在已根深蒂固,向下跷拇指的本意几乎已经丧失殆尽。

意义的构成

本章将从不同的意义单位入手，建立一个框架，以便我们能够在更广泛的社会和文化环境背景下理解交流。我们将验证下列这些概念：

语意单元 ＝ 表达意义的事物

类型　　＝ 表达的范畴

风格　　＝ 表达的方式

机构　　＝ 表达的地点或场所

模式　　＝ 表达的规范

话语　　＝ 用于创造或反映社会不同方面秩序的表达

神话　　＝ 用来表现和塑造个人或集体表达的故事

范式　　＝ 形成表达的思维系统

为了理解事物、图像、文本如何与我们所定义的组群相互协调适应，我列举如下实例：

椅子（语意单位）

办公室设备（类型）

功能（风格）

商店（机构）

标准的座椅、四条腿、一个靠背（模式）

需求（话语）

实用性（神话）

现代主义（范式）

我们可以简明地解读这个例子。椅子（语意单位）是实用性的办公家具（类型），有功能性的外观（风格）。由于特别强调功能，这种类型的家具可能会相当乏味（模式）。人们可能会在一个更广泛的消费社会环境中看待从商店（机构）购买的家具，这就是所谓的买与卖的价值，对于每个人来说都是显而易见的。就判断这次购买经历是否合理而言，我们也许会谈及需要考虑到避免出现背部酸痛（话语）的现象，这是由于我们会长时间坐在办公室椅子上的缘故。在此，语言的实用性（神话）可能会被提及。最终，在这最专注于座椅功能性以及设计实用性时代，也即是现代主义（范式），我们形成了对这件家具的理解。

我们准确运用的这些概念同样适用于图像和文本。这里有两个示例：

油画（语意单位）

人物肖像（类型）

学院派（风格）

被描绘得栩栩如生的模特儿（模式）

画廊（机构）

自然主义（意识形态）

客观性（话语）

天赋（神话）

现实主义（范式）

7

意义的构成

一幅油画（语意单位）可能是一幅人物肖像（类型），用学院派的绘画方式完成（风格），以期将油画完成得栩栩如生（模式）。油画在一个画廊展出（机构），这幅画用自然主义表现，呈现出模特儿超然的神态。图像附带的描述兴许谈及到了视觉的客观性（论述），作画者罕有的天分和技艺（神话）以及被视为现实主义的传统（范式）。

书（语意单位）

儿童读物（类型）

通俗的（风格）

童话（模式）

图书馆（机构）

学习（话语）

童心（神话）

维多利亚式（范式）

这本书（语意单位）可能是儿童读物（类型），是用通俗的方式来写作的（风格）。它可能是一本我们熟知的童话故事书（模式），兴许是从图书馆（机构）借来的。这本书的封面强调了阅读此书获取的教育机会，同时也能从中学习到书中描述的道德教育知识（论述）。父母可以从纯真无邪（神话）的角度，同时借助被广为接受的关于童年纯真的维多利亚式观点（范式）来阅读这本书的封面，从而解读书中的内容。

有助于我们定位以及为既定的语意单位提供意义的语境或许并不总是如同这些范例暗示得那么明确直接。这是因为两种艺术流派可能会融合在一个作品中（例如电影中的爱情和喜剧）。一件作品也许会从过时那一刻起，被重新解读（例如20世纪20年代的衣服现在看起来会很古怪）；有固定模式的物品可能更广为人知（例如20世纪60年代修建的野兽主义高层建筑）；某个物体的位置可能会发生变化（例如一把古典风格的椅子从家里搬到了博物馆）。此外，当我们试着对意义做出判断时，会发现意识形态可能是相互矛盾的，话语可能重叠，神话可能演变，替代范式可能共存；所有这些都能有助于改变我们指定的、选择研究的特定作品的解读。

如果意义（或可能的含义）是现成的，那么领会和理解特定语意单位的具体细节至关重要。这是因为当特定语意单位的语境有错误的描写、未被描写或单纯的缺漏，我们进行分析的能力将会受到损害。当然，一个给定的语意单位也许会有最终的、完整的语境，这种观点摆脱了任何混淆的可能，至于它的含义，我们可能并不需要。这样做的原因是新时代总会提供新的背景以及由此而来的新的解释的机会。我们以一种前所未有的方式来审视一件作品的新诠释方式总会受到欢迎，尤其是这种诠释有助于证明我们的经验或增强我们理解力的时候。

我们如何评价这幅图像？

我们如何评价这幅图像?

语意单位是离散的通信项,具有实际和潜在的意义。一个语意单位可以是一件事物的某个方面或者某个部分,也可以是事物本身或多个事物的集合,它可以被看作传播的显著要素。

基于文本的语意单位最易于识别:它们由单词、句子、段落、页、章节或者书构成。我们会有这样的理解是因为当我们无法理解某个特殊文本元素时,可能会问:"这个特别的单词 / 句子 / 段落 / 页 / 章节 / 书是什么意思?"

谈及图像,这个问题就更加难以回答。一幅油画可能有刷痕、线条、色调、纹理、颜色以及其他不同的部分,所有这些部分都被认定为富有含义——当然,这幅画作为一件整体同样具有意义。借助辨认其中未被理解的部分,我们可以通过询问:"这个特别的刷痕 / 线条 / 色调 / 纹理 / 颜色 / 部分图形 / 整幅图像是什么意思",从而在疑问中再次确认语意单位。

物体的某些部分、物体本身以及物体的集合也都可能被视为语意单位。在此情况下,当我们对此感到困惑时也许会问:"这个物体的这一部分、整个物体或者物体的集合是什么意思?"

其中一个关于语意单位的问题在于需要确切知晓语意单位从何开始,从何结束。例如,有可能会遇到这样的情况,有两个单独的图像完全重叠(正如上页所示)。在此我们有两个选择,要么我们把这个图像当作一个错误,试图阅读每一个独立构成的语意单位,要么我们可以把这个图像当作一个整体的语意单位并赋予其单独的一套意义。在这种情况下,我们如何选择也许取决于我们如何思考摄影师的初衷。

基于本章节的目的,我们会将语意单位视为一个整体事物(例如书籍、绘画、椅子)来讨论,而忽略语意单位的部分、组群问题以及重叠问题。

这是一幅风景画还是肖像画？

这是一幅风景画还是肖像画？

　　类型指的是遵从于特殊媒介的某种区分或再区分的类别。设计具有诸多类型，包括图像、多媒体、家具、产品、工业品、国产器具、纺织品以及时装；杂志的类型有广告、娱乐、信息以及教导；而电视节目类型有新闻、肥皂剧、教育栏目以及戏剧；书籍则分有小说、日记、传记、历史以及诗歌。

　　显然，刚才列出的这些类型可以进一步进行分类——尽管如此，我们是否愿意承认分类就是类别本身尚待讨论。家具设计可以运用于家庭、办公或者休闲。杂志能提供软广告或硬广告。电视新闻也许是真实的，也可能是趣闻。诗集可以是自白或者叙述。

　　每一个语意单位无论是基于物体、图像还是文本，都是通过完善的类型而进行沟通。类型的选择是为了建立一系列符码，从而使沟通顺利。通常当这些交流行为遵从所选类型的规则时，才会变得真

实有效（例如对某一类型达成共识时）。电影的规则之一是类型不可能进行到半途才发生变化。例如科幻电影不应该在播放到中间时剧情才突然变成西部片，这种变化是不被容许的，因为这样会使观众感到困惑。而进行新闻报道，开始报道的是严肃性事件，结尾却是八卦新闻，同样的道理也适用与此。

　　前页中由托马斯·盖恩斯伯勒（Thomas Gainsborough）创作的油画《安德鲁斯夫妇》（*Mr. and Ms. Andrews*，*1750*）很明显告诉我们它有悖于这条规则，这幅画融合了肖像和风景。为什么这幅画可以容许有悖于既定的规则？答案很明显，这幅画描绘的时刻融合两种类型。就此而言，这与某些融入了浪漫和喜剧风格的电影颇为相似。这向我们展示了一个单独的语意单位可以包含融合的类型，但类型没有先后顺序。

这句话是怎样的人写下来的?

我不是罪犯。

我 不 是 罪 犯。

这句话是怎样的人写下来的？

风格是指行事的方式。成事的风格能影响他人接收信息的方式。前一页的句子就体现了这一点。该语句用优雅的字体写着"我不是罪犯"（I am not a criminal），这似乎让人更加信服。

当谈及信息的制定时，我们应该意识到信息的形式和内容同样重要。为证实这点，请对比以下句子：

请相信我。　　　请相信我。

请相信我。　　　请相信我。

请相信我。　　　**请相信我。**

请相信我。　　　**请相信我。**

请相信我。　　　**请相信我。**

请相信我。　　　请相信我。

请相信我。　　　**请相信我。**

本例的重点在于字体的风格确实能影响到我们对于这些句子的感觉。

不同的风格能在笔迹、绘画、设计、着装、表演、行走、谈话甚至思考中展现。倘若我们进行这些活动，那么我们肯定会用独特的、个人的方式进行。笔迹、绘画、设计、着装、表演、行走、谈话和思考总会在我们能力范围内发展成自己独特的个人风格。然而与此同时，我们进行这些活动的方式往往会参考采用一种更为通用的方式。换句话说，个人风格往往混有源自社会和文化的风格。因此，我们说话的方式并不是独立于和我们有着类似说话方式的群体，就口音而言，我们使用的口音总是有着这个特定语言的文化与风格变化。

是什么造就了这件
别具一格的艺术品？

是什么造就了这件
别具一格的艺术品?

固有模式是一种行事的惯常思维。不同的物体、图像、文本、动物、植物或者人群都可以形成一定的模式。这种模式通常源自基于或不基于事实的某种观察、思考或者成见。例如女性在一定程度上缺乏驾驶能力,是对女性司机的刻板印象。然而这种刻板印象并不正确。若是正确的,那么相对男性而言,保险公司有权向女性索要更多的汽车保费。然而我们发现却是男性被索要了更多的保费,因为同女性相比,男性常常是能力稍逊的司机。

有时固有模式也能帮助我们。它能为我们提供理解某些事或某种状况的快捷方式。但同时,这种认识往往又十分僵化简单。举例来说,我们可以想想,一般艺术品通常所用的材料是什么。比如说雕塑,尽管 20 世纪的雕塑家已经摒弃了传统的老材料,而是使用了玻璃、塑料、混凝土甚至是废弃物作为雕塑材料,但人们传统的想法依然是雕塑往往由石头、铜或者木头制成。

安德烈·卡尔(Carl André)的《矩形砖阵 8 号》(*Equivalent* VIII)就是个例子,我们称之为极简主义雕塑。该作品用两层普通的砖头堆砌成一个长方体。也许有人会说,这样的雕塑不仅对传统的雕塑概念形成了挑战,而且对我们观念中艺术有何价值造成了冲击(尤其缘于伦敦的泰特美术馆在 1972 年时以 12000 美元的价格买下了这座雕塑)。至于是什么造就了该雕塑别具一格的风格,还有一种解答在于这件艺术品是由日常材料制成(尽管我们记载了这样的解答,但我们也许会首先弄明白关于这是一件真正的艺术品的假设是否正确)。

展览物的陈列
如何影响我们对它的感受?

展览物的陈列
如何影响我们对它的感受？

事实上，公共机构、博物馆的特点在于它们从作品、消费、所有权、使用，以及交易通常位居的典型场所中移走了相应的物体、图像以及文稿。通过将博物馆建立在一个神圣的区域以供展览，于是物体、图像、文稿（例如各种语意单位）从它们通常融入的社会和历史的具体实践活动中抽象出来。博物馆中展出的物体、图像、文稿往往会通过展示的表现代码增强表现效果。将物体置入玻璃柜，给雕塑添置底座，将画卷嵌入华丽的边框，以虔诚的方式给书籍打上灯光，以学术和准学术的方式在邀请卡、标签、目录、传单、讲义文件、宣传册上书写信息，或者仅仅通过在展览区安置绳子，将参观者与展览物隔出一定距离。所有这些一项项的安排都有助于唤起博物馆参观者对展览物表现出它们本应得到的尊崇。

同博物馆一样，其他机构也在采取措施规范与展览物相伴相生的文化内涵以及社会行为。教堂通过圣经，借助对祈祷位置的标明以及规定筹划好的仪式行为步骤，从而规范行为的内涵和形式。房屋通过墙壁、窗户、栅栏、门、锁、闩，以及配置的其他可创建出隔离环境的安全设备来规范其内涵和行为。法庭通过房间与廊道的布局（因此可将律师、陪审员以及控方分开）、程序规则（决定解说的正规形式以控制参与者的互动交流）来规范行为的内涵和方式。

何人能坐上这个御座，
这意味着什么？

何人能坐上这个御座，
这意味着什么？

虽然话语权分析的重点往往在语言和语境，但是物体（和图像）建立并保持了自身的话语。例如，国王的御座（如上页）就建立起了自身的话语，给予使用者权威和地位。

一般而言，通过规范的使用方式，话语权有助于塑造我们对世界的看法。话语权由不同领域的知识、生活经验准则、组织结构、规则系统以及各种特性构成。话语通过创造或反映独特社会与文化层面的既成形式建立起这些组成部分的界限。例如专业性话语（这在法律或医学的专业语言中表现很明显）；竞争性话语（在西方经济学和政治经济学中盛行）；一致性话语（通过各种宗教和民族意识得以显现）；学习话语（通过既已建立的教育系统形成与维系）；男权话语（在一些相信男性优于女性的个人所提供的文字或视觉表达中可以得到体现），等等。所有这些话语权都塑造和重复了我们对不同的人、不同的生活方式、处所、物体、图像以及文本的态度。

以清洁话语为例（涉及更普遍的关注健康的话语）。清洁话语自维多利亚时代就已在西方文化中盛行，它以不同方式，通过不同媒体得以传播发扬（如教育传单、电视新闻报道、家政书籍、服装杂志贴士以及清洁产品广告）。这些话语通过不同方式、不同媒介展现使大众知晓——清洁对于维持健康很重要——这似乎是简单的常识。实际上，这就是所有主导性话语的目的：使文化和社会产品的概念看似自然且不言而喻。

艺术家的生活会影响
我们对他画作的认识吗？

艺术家的生活会影响
我们对他画作的认识吗？

神话有助于我们理解这个世界。我们往往将神话看作虚构的远古故事。但一般来看，神话可以被当作真实的、部分真实的、或彻底瞎编的故事。这都取决于神话本身及其所承载的功能。神话有很多种，如都市神话（无论真假，会为我们提供某些道德内涵），产品神话（无论其是否产生作用，当我们购买到产品，理应会给我们带来健康、财富或者愉悦），图像神话（无论图像是否真实，似乎都能提高我们或他人的社会地位）。还有更多特有的神话：童年神话（我们的孩提时代是天真、自然和无拘无束的）；自我神话（自我是独立的个体，有着独特的思想、信仰以及期望的念想)；乡村神话（让我们体验纯天然之地）。其他一些主导现今社会的神话包括科学神话、政治神话、宗教神话、设计神话、艺术神话以及富豪与名流的生活之神话。

其中最为有趣的神话应该是关于艺术家的。人们通常会认为艺术家的生活富有戏剧化。这在文森特·凡·高（Vincent van Gogh）身上表现尤为明显。我们认为他穷困潦倒，感叹他宿命论般的爱情故事，我们猜测他耳朵受损的部分，同时我们也想知道他的精神紊乱和最终死亡的事情。梵高的所有这些生平事迹都不得不影响我们如何看待他的画作，因为这些生平事迹构成了梵高的神话。然而，请试想如果某人突然发现这一切都是假的，事实上梵高过着愉悦幸福的生活。这足以改写神话并改变梵高画作的意义吗？比如你对于上一页的画作的感受是否也会因此而改变，不再如之前一般感到悲伤忧郁？

这些涂鸦有什么含义？

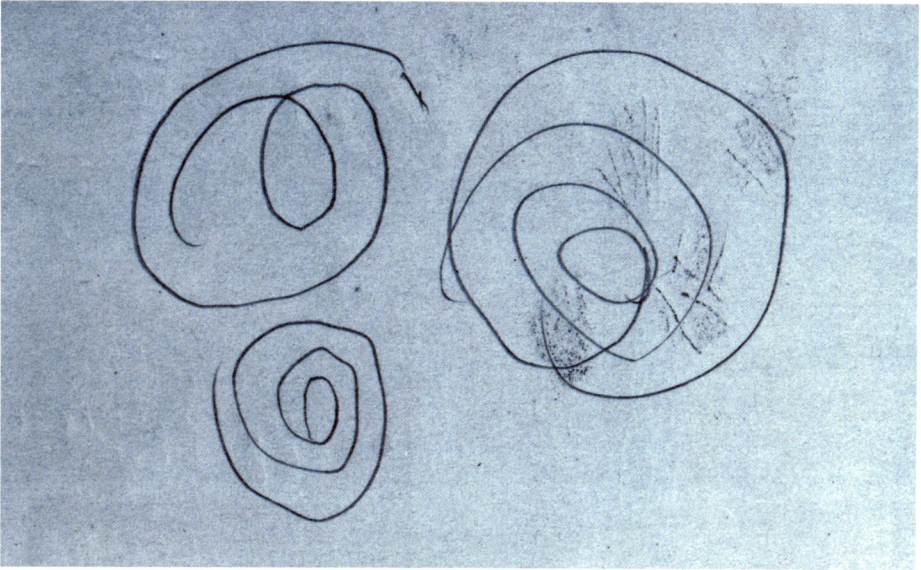

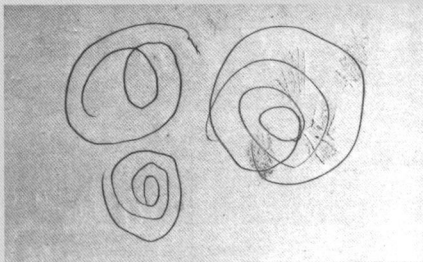

这些涂鸦有什么含义？

这些涂鸦是西格蒙德·弗洛伊德（Sigmund Freud）所作。一旦你知道这点，你是否会以更弗洛伊德的方式看待这些涂鸦呢？我们知道弗洛伊德强调潜意识的重要性。因此，当他进行涂鸦时，他也许正在表达自己的潜意识。

总之，我们关于物体、图像以及文本的解读都是由所谓的范式构架而成。范式是我们通过概念、过程和结果的高度规整框架来审视这个世界的方式。因此，考虑到是弗洛伊德画的这些涂鸦，我们从中获取的信息可能由特定的弗洛伊德的观念、规程、结果的构造而成。特别是这些涂鸦似乎呈螺旋下降。由于这个原因，这些涂鸦兴许表现出了思维本身的深度历程，或者展示了弗洛伊德自身潜意识中害怕坠入某些洞中或者凹陷处。可能这些涂鸦预示着某种程度的性别恐惧。

现在假如这些涂鸦并不是由弗洛伊德所作，反而是由阿尔伯特·爱因斯坦（Albert Einstein）所作。那会改变你的解读方式么？倘若你认为可以改变，那么这是否是因为你将开始采用一套不同的概念、规程以及结果来解读这些涂鸦（例如，你会联系到爱因斯坦的著作）？你的理解发生如此剧烈的转变就是所谓的范式转移。当人们通过一套崭新的概念、结果和规程启动另外的思考方式时，就会产生范式转移。这种理解变化的产生是由于你正在用新的构架或理论来解释自己的经历。在本例中倘若你改变自己的解释，从对弗洛伊德的理解转移到对爱因斯坦的理解，范式转移就会产生。*

* 事实上，这些图像是由弗洛伊德所作。

8

故事与故事讲述

人类是唯一会讲故事的动物。人类的故事存在于世界每个角落，每一个时代以及任何文化背景中。正因如此，故事超越了国别、历史和文化的界限。

故事无处不在，引发我们开始思考它的功能。为什么我们要讲述故事呢？其中有各种原因：指引方向，给予希望，约束行为，以一种令人难忘的形式传递思想，增强社会凝聚力，同时让人类以一种更好的方式了解自身和他人的需求、欲望、动机和行为。这些原因，加上其他更多原因，给了我们为什么需要讲述故事完美的解释。

故事通常以何种形式呈现呢？小说、电影、戏剧、歌剧、漫画、电视剧、卡通、传记等形式是我们最熟悉的。从上述故事表现形式中，我们发现故事的表现形式有表层结构和深层结构。以下两列是基本要素的简单列表，可以根据上述两个层次构成特定的叙事手法：

故事的表层结构	故事的深层结构
具体的	抽象的
细节的	普遍的
特别的	一般的
经验的	观念的
字面的	隐喻的

表层结构通常是显而易见的。例如我们可以描述关于某人与怪兽做抗争这个特定故事的表层结构，一般来说，这个人会显现出特殊的超能力。这正如我们记忆中古老的苏美尔的《吉尔伽美什史诗》（ *Epic of Gilgamesh* ）、《汉赛尔与格蕾泰尔》（ *Hansel and Gretel* ），以及 20 世纪 70 年代经典电影《大白鲨》（ *Jaws* ）。在所有这些故事中，似乎都有一个弱小的人与强大的或是看似不可战胜的残暴怪物之间的战争，而这个弱小的人最终必定在交战中打败他们。然而这些故事的深层结构也许是迥异的。因为这个怪物不仅是怪物，相比看似非常具体和特定的形式，它代表了更加抽象和普遍的事物。这个怪物经常用来代表一种普遍的恐惧，我们害怕外来的某物威胁到我们社会、国家，甚至整个世界的更普遍的恐惧。所以这个怪物无论是以巨人、恶魔、幽灵、火星人、龙、巨型三裂植物、独裁者、亡命徒、精神病患者、女巫、鲨鱼、致命病毒，还是以地震、火山等形式出现都不重要，重要的是故事给我们带来的教训。在"杀魔除怪"的故事中，更深层次的教训也许是相同的：只有通过抵抗黑暗力量这一伟大壮举，我们才能最终战胜邪恶或逆境，维持我们现有的生活方式。

当然，并不是说我们口口相传的所有故事都有一个常见的叙述形式。我们必须认识到还有一些不那么常见的方式。例如历史书籍、电视新闻、八卦专栏、电视纪录片、模仿秀、教堂中的彩色玻璃窗、

8

故事与故事讲述

日常用品的设计、绘画作品、大部分的广告等，很多实例都涉及故事讲述的形式。

是否存在故事没有提及的生活领域或准则呢？例如科学？科学是事实而不是讲述故事，的确如此吗？这里的回答也许是科学可能不直接涉及故事讲述，却通常以类似故事的形式来表述它的发展。总之，科学常常始于迷思，迷思导致了冲突（通常在科学群体内部发生），这种冲突会一直持续，直到一个重大的转折点出现（可能是一次新的发现）。当这个发现可以由其他科学家再现时，迷思和冲突就会消失，最终引发群体内部的变革。迷思、冲突、转折、解决，这些因素常能在我们的故事讲述中找到。因此，即使我们想得到"科学不是讲故事"这样的结论，我们也必须承认它用讲述故事这一关键特性来解释自身。

人类总是寻找方法来揭示人类本来的面目。当哲学家试图开创一个宏伟计划或学说来解释人类和社会的本质时，故事讲述者一直在差异和多样性中探索。虽然这并不是一个"宏伟计划"或"学说"，却帮助我们了解到我们是谁，为什么是我们。故事和故事讲述对人类而言就是所谓的"叠加力量"。故事是建造大师，引导和告知我们最愉快和最深刻的信仰、渴望、思想和交流。故事向我们揭示了最强烈的恐惧和最宏大的希望，他们表达了我们显露出的情感，也帮助我们记录下内心最深处的独白。在最后这一章，我一直尝试讨论故事与故事讲述的核心概念，它们包括：现实与虚构、叙述、传奇、性格与角色、视角、迷思、张力、转折点和解决。通过对故事的研究告诉彼此，人类开始揭示是什么让我们成为真正的人类。

耶稣真的被钉死在十字架上？

耶稣真的被钉死在十字架上？

关于耶稣有各种各样的疑问。耶稣真的存在吗？他真的是上帝之子吗？那些关于他的故事是真实还是虚构的呢？

西方艺术中最有震撼力的作品之一就是《十字架上的耶稣》（Christ on the cross）[本图取自马索利诺（Masolino 1383—1447）的作品]。数百年间，这个景象被艺术家们反复再现。然而，人们很容易忘记其实这只是一个符号：一个关于刑法的符号。我们可能会认为这是象征性的，不是历史上真实存在的。这是因为十字架外形与罗马人通常用作刑具的外形不同。罗马人通常使用 T 形十字架，而不会用拉丁十字架或长十字架。所以如果他们对耶稣用刑，很有可能会使用 T 形十字架。十字架的符号性本质也为我们解释了为什么耶稣之死有不同的符号：X 形十字架（圣·安德鲁十字架）、希腊式十字架（等臂十字架）和马耳他十字架（燕尾十字架）。

关于这个圣经故事，重要的不是它事实的准确性，而是其蕴含的道德寓意。因为早期的基督徒不允许用图像来表现刑法场面，所以也没有好的方法来检测是否是事实。《十字架上的耶稣》是我们曾听到过最好的道德故事之一。在阅读圣经时，我们应该了解故事讲述强调的是对人类行为的意义，而不仅仅报告事件给我们带来的教训。如果圣经写得像法院报告，那么可能适合以这种方式来阅读它，但由于圣经的大部分内容是以故事的形式记录的，所以应该把它当作故事并睿智地阅读。

是什么促使它成为故事？

男孩遇见女孩。

男孩失去女孩。

男孩赢回女孩。

男孩遇见女孩。
男孩失去女孩。
男孩赢回女孩。

是什么促使它成为故事？

一个男孩遇见一个女孩，男孩很快赢得了女孩的芳心，并从此快乐幸福地生活在一起。当我们听到这样的故事时，我们一定不会觉得很有趣。如果一个故事包含了克服困难，以及一系列的任务被完成的情节，那么我们对故事的兴趣才会保持下去。

这个简单故事之所以能够引人入胜，是因为故事讲述了男孩失去女孩时的失落感受。根据失去可能发生在故事的不同节点，故事的结局是快乐或是悲伤的也会发生变化。故事的传统套路是完美的结局：男孩遇见女孩；男孩失去女孩（悲伤）；男孩赢回女孩（快乐）。但这个故事也可以逆转：男孩遇见女孩；男孩赢得女孩（快乐）；男孩失去女孩（悲伤）。两则故事的重点在于有一些重要的事件提供了干扰，造成了人物角色之间的失调。然而正是这种失调营造出了戏剧性。

无论大小，我们会在电影、文学、艺术、设计、广告中看到各种干扰围绕故事而建立的失调。以广告为例，创建不同类型的干扰以导致失调，是众多产品销售技巧中最为常用的技巧之一。这是因为当一则广告在消费者中创造"失调"时，通常表现为对现状的不满，这将会让消费者感觉到通过购买产品而再次找到平衡。所以一阵饥饿的感受提供了销售食品的机会；极度疼痛提供了销售止痛片的机会；对于个人吸引力的担忧提供了销售化妆品的机会；自卑感为能提升地位的各种商品的销售和服务带来可能。

你能解释这则故事吗？

一件奇怪的事发生在我最好的朋友亚历克斯·贝克身上。亚历克斯每天都会搭乘公交车去上班，而每次在第一个站就会有一个盲人上车，付清车费并坐在他的旁边。有一天，这个盲人没有钱坐车，出于好心，亚历克斯慷慨地为他付了车费。这个盲人感谢他但警告他："我强烈建议你今天晚上步行回家。"亚历克斯听从了他的建议。那天晚些时候，亚历克斯打开电视，看到他每天搭乘回家的公交车遭遇了恐怖袭击。

第二天，盲人没有来乘车，并且从此没有再出现。[*]

一件奇怪的事发生在我最好的朋友亚历克斯·贝克身上。亚历克斯每天都会搭乘公交车去上班，而每次在第一个站就会有一个盲人上车，付清车费并坐在他的旁边。有一天，这个盲人没有钱坐车，出于好心，亚历克斯慷慨地为他付了车费。这个盲人感谢他但警告他："我强烈建议你今天晚上步行回家。"亚历克斯听从了他的建议。那天晚些时候，亚历克斯打开电视，看到他每天搭乘回家的公交车遭遇了恐怖袭击。

第二天，盲人没有来乘车，并且从此没有再出现。*

你能解释这则故事吗？

都市传奇——有时会被错误地叫作"都市神话"——这些故事是虚构的，但往往让人信以为真。当被告知这些是发生在与讲述者关系亲密的人身上时（如亲戚或是朋友的朋友），它们往往会通过笑话、俏皮话、奇闻逸事、谚语、格言、八卦、闲聊、谣传和民间传说等方式被转述。这就让故事有虚假的可信度。都市传奇的主题往往极为相似，包括食品污染（汉堡长虫、油炸老鼠、山羊肉咖喱、瓶装耗子），来自外部的威胁（下水道的鳄鱼、博德明荒野之兽），以及阴谋论（美国发起第二次世界大战、犹太人要对"9·11"事件负责）。都市传奇的内容常令人觉得震惊、离奇、神秘、古怪、甚至滑稽，但它们的存在是有目的的。它们是以简单、可转换的和令人难忘的形式向别人传达某种道德规范。

都市传奇往往是与有趣的对象、图片和文本的结合。其中一些故事是真实的——特别是关于暴力和诱惑力的部分——例如哈雷戴维森的速度和力量，为地狱天使的故事增色不少。以推理故事为主题的都灵裹尸布，据说布上面印有耶稣身体的轮廓。莎士比亚创作的《麦克白》（*Macbeth*）是许多噩运故事的代表，甚至被邀请参加表演的许多男演员都受了重伤。这些都是我们可能会信以为真的都市传奇。

* 关于亚历克斯·贝克的故事是虚构的，所以没有对于这则故事的真正的解释。这则故事有趣的地方在于如果读者们也常常谈论它，它就会慢慢变成都市传奇。

你能从这个人的外貌看出什么?

你能从这个人的外貌看出什么？

人们一度通过面相来推测性格品行。这门技术被称为面相术。仅仅观看上页中的图像，问问自己是否能通过他的外貌说出他的性格，以判断自己是否拥有这门技艺。

可能你认为可以通过对这个男人面相的研究，模糊地说出他的性格。或许他的外貌让你觉得他严肃且聪明。他如此热切的凝视或许让你觉得他有良好的分析能力。当我告诉你这张照片是艺术家肯·伍德沃德（Ken Woodward）时，你是否认为你最初的判断受到了挑战？当你得知这条信息时，你是否开始在他的性格中发现更多的艺术特质？

显然，对于面相的解读是一门艺术，而对于物件的解读同样是一门艺术。大众汽车公司的甲壳虫是关于如何从物品中解读性格的一个典型例子。大众甲壳虫的设计者确保了用"可爱"的款式为汽车赋予个性。设计者们用"可爱"来定位车款时，采用了人类的特点，有时是非人类，或是从婴儿处寻找灵感。人类婴儿有圆圆的脸、突出的额头、小鼻子、大眼睛和短下巴，所有这些让他们显现出诚实、纯洁、脆弱和天真的特质。这些特征都在大众甲壳虫车型中被模仿，车身的曲线，又大又圆的车灯和平滑的细节处理。这种款式的外形也解释了我们为何对于甲壳虫车如此喜爱[同时有助于解释20世纪60年代到70年代《疯狂金龟车》（Herbie）这部电影的流行——电影中一辆特殊的甲壳虫车"赫比"被设定为有自己的个性和生活，有独立于车主的自我意识]。

这张照片有什么特别之处？

这张照片有什么特别之处？

我们讲述的关于世界的故事总是可以从不同的角度来呈现。视角的选择也时常影响人们对故事本身的解读。

新闻故事通常从看似公正的角度提出观点。它们常常让观众感受到呈现出的事件是纪录片而不是在头脑中有固定框架的特定议程，这就是新闻故事的常用记录方法。然而如我们所知，每一个镜头都是被精心筛选过的，每一个角度都是被安排过的，每一个场景都是被构建过的。这一切，连同剪辑、旁白、其他形式的后期制作促成了最终效果。我们应该从中认识到绝大部分新闻故事呈现的事件只是从现有事件中精心挑选出的视角。简言之，新闻故事并不像乍看时那样客观。

前页的这张照片上记录了站在蒙娜丽莎画像（Mona Lisa）前面的一群人，这个视角是与众不同的。因为大多数在巴黎卢浮宫拍照的游客拍的是蒙娜丽莎这幅画本身，而不是站在这幅画前面的人。有各种各样的原因来解释为什么会拍摄蒙娜丽莎这幅画而不是观众。其中之一是他们希望记录他们来过这里的体验（这就可以向他们的朋友证明自己曾亲眼见过这幅画）。我选择用不同的角度的照片来展示是为了表明，虽然游客们很乐意出现在这张照片中，但他们不会总觉得有必要看它。简而言之，这张照片有一种"氛围"超过了它本身。

这些人发生了什么？

这些人发生了什么？

　　神秘感是任何一则好故事的组成部分。它为我们提供了猜测的空间。这幅画是《梅杜莎之筏》（*The Raft of the Medusa*，1819），画家泰奥多尔·藉里柯（Théodore Géricault）选择了一个我们只能想象的瞬间。我们已经知道这幅画描绘出一场海难。梅杜莎在 1816 年 7 月的一天撞上了暗礁。在救生筏上似乎没有足够的食物，伤员成为同类相食的受害者。我们也了解到之后在木筏上的近 150 人仅有很少一部分成为幸存者。

　　新闻工作者的工作就是真实地再现生活。但画家并非如此，他们是艺术的创造者。如果真理阻碍了优秀艺术的创作，一些艺术家们会选择牺牲真理。在他的作品中，藉里柯在多大程度上模糊了真实感，保留了怀疑感，是本作品的一个迷思。看上去席里柯尽可能确保他的作品是准确的。他阅读了海难中两名沉船幸存者亨利·萨维尼（Henri Savigny）和亚历山大·高里埃（Alexander Corréard）的报告并采访了他们。但他们说的是事实吗？席里柯是以他们诉说的那样呈现事实的吗？为什么他不描绘出宣称的同类相食的场景呢？为什么萨维尼和高里埃告诉他只有 15 名幸存者，而他在木筏上描绘出那么多人呢？这些都是迷思。

　　故事总是在诉说中变化。事实会篡改，人物性格会被强化，细节会增强，事件的时间表会变化。所以当别人向我们讲述一个故事——任何故事——我们到底是想了解当时究竟发生了什么，还是更关心让故事更有趣的迷思呢？

是什么让这一系列的
图画看起来如此紧张？

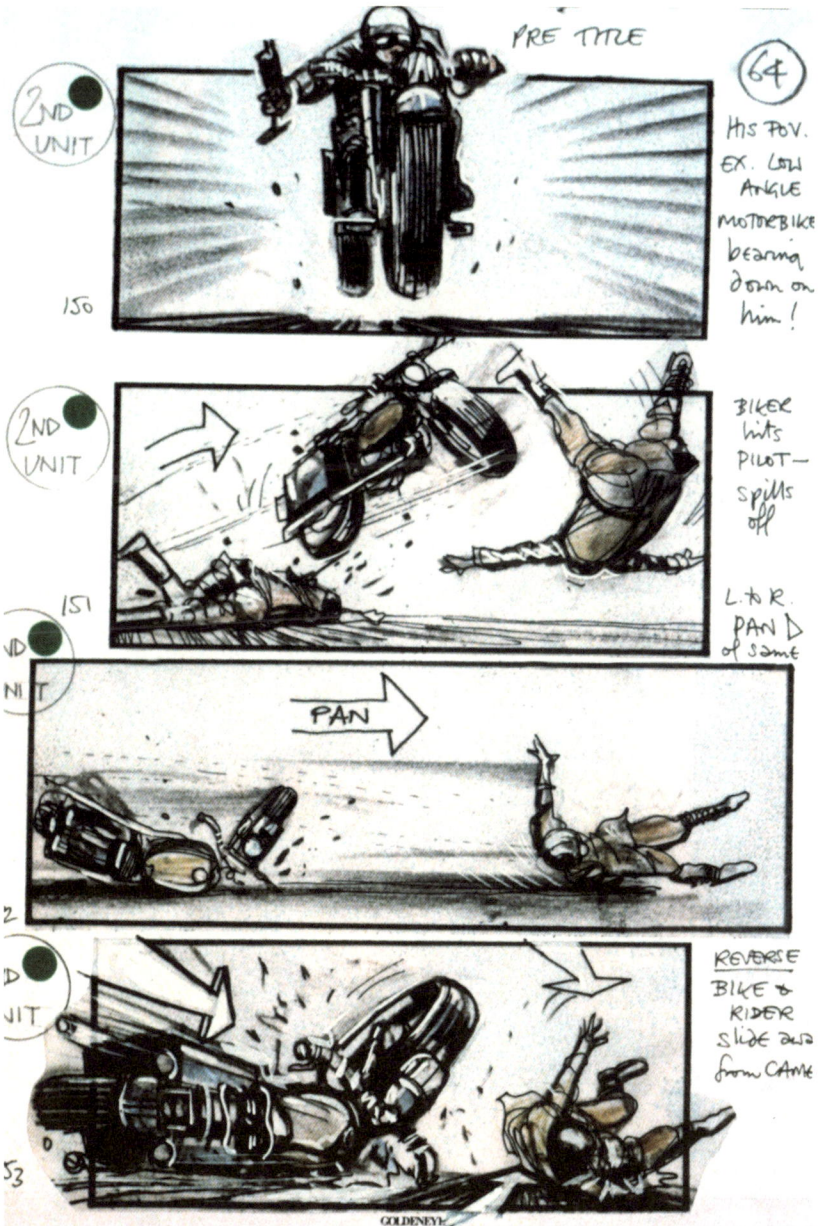

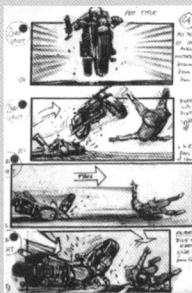

是什么让这一系列的
图画看起来如此紧张？

这个续发事件赋有张力是因为发生的事情在所有这些图像中并没有完全得到解决。这就会使我们想从一个图像转到下一个。

张力也可以以类似的形式出现在静态影像中。例如纪实摄影，当一个动作定格在最具戏剧性的时刻就可能会产生张力（例如体育比赛中某人击球的瞬间）。摄影师可能会用事件之前或之后那一瞬间发生的事件来捕获这一时刻。正是这种在动作中静止的瞬间创造出张力和期待。

然而叙事张力并不局限于图像。我们也可以思考一下文本中叙述张力的存在。如以下对比：

猫坐在垫子上。

猫坐在狗的垫子上。

哪个故事最好呢？是"猫坐在垫子上"吗？也许不是。如果这是个故事，那实在没什么好讲的，因为没有张力。而"猫坐在狗的垫子上"则不同。这是一个更好的故事，其原因在于它创造了张力。

最终，我们可以想象一些戏剧性事件的发生（当有事发生，故事才会出现。如果没有任何事发生，则没有故事）。当知道猫坐在狗的垫子上时，我们会问："为什么猫坐在狗的垫子上？当狗发现时发生了什么？狗是生气还是漠不关心呢？最后猫会逃脱吗？"当然，我们可以问为什么猫坐在垫子上，但我们可能会很难得到回答。

叙述张力有时候会存在于物体间。例如后现代主义设计作品可以通过融合设计风格（新与旧）、材质（贵重和便宜的，全新和二手的）、制造程序（工业生产和手工制作）为作品赋予张力。这些物品对设计历史的标准线型叙述提出了挑战。这是因为它们融合了不同时期的风格、材质和生产过程，其内涵在特定历史地位上物品自身意义中得到了解构。虽然它们可以被标记出准确的日期，但似乎又同时属于不同的历史时代。

接下来发生了什么?

接下来发生了什么?

转折点通常在电影中表现得最为明显。在希区柯克（Hitchcock）的著名电影《惊魂记》（*Psycho*，前一页图片是电影剧照）中——如果你还没有看过这部电影，请跳过这一段——当由珍妮特·利（Janet Leigh）扮演的女主角突然被谋杀时，电影的转折点出现了。之后，电影围绕大笔资金被盗窃展开。这个事件后，故事围绕其他事件向前发展，首先，警察是否会发现女人被谋杀；其次，他能否找出行凶者是谁。

某些事件发生能带来改变，而转折点就是这个关键的瞬间。叙事上通常在事件前后有鲜明的对比。转折点常常是引人入胜的，令人激动的，离奇的。

当一个重要和突发的事件导致了巨大的变化时，我们称之为历史转折点 [例如费迪南大公（Archduke Franz Ferdinand）被暗杀导致了第一次世界大战]。当节奏、和声或旋律突然改变时，是音乐的转折点（例如贝多芬第五交响曲的第一乐章）。当语调或语气有意想不到的变化，是演讲的转折点 [例如民权运动领袖马丁·路德·金（Dr. Martin Luther King）著名的演讲词中说道"我有一个梦想……"]。不可思议的是，我们往往认为物体是没有转折点的，但它们确实拥有。物体生命的转折点可能是第一次使用、坏掉、被销售、丢失或被当作一份礼物赠送的那一刻。

这个故事的结局是什么？

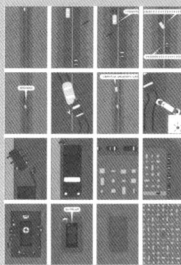

这个故事的结局是什么？

故事往往会被某种形式的冲突而特意创造。因此，在故事的结局，冲突可以解决。这就是为什么电影编剧建议在故事的开头写道："什么都是错的，直到……"故事在这个意义上是要让事件往对的方向走。如果什么都不出差错就没有故事。这就是为什么不能在故事的开头就说："从此以后，他们过着幸福的生活。"这只能是一个故事的结局，因为如果一开始就这样，就不会有利害关系。你可能认为交易、艺术或设计都是如此。你打算把什么校正？你要怎样做呢？（众所周知，可能首先你要试着确定一个你会遇到的问题、需求或愿望。）

上一页的短篇连环画拥有故事的许多经典元素：迷思、张力、转折点、解决，在这种情况下，结局看上去是死亡。虽然这似乎是结局，但我们还可以问：接下来发生了什么？另一个司机怎么了？

这个死者的亲属会怎样？驾驶汽车的人真的死了还是当送葬者离开，棺材里骤然响起了声音？

我们对于解决的渴求，让我们执着于万事皆有果的想法。这就是为什么我们要不断探求医学治疗、法律裁决、教育制度的完善、工作成果以及故事圆满的结局。毫无意外，生命本身通常被视为旅程及其最终解决方案。在对事物解决的渴求中，我们不应该忘记生命旅程本身的价值。这一次旅程正如哲学所展示的，过程与目标同等重要。事实上，即使当我们到达目的地，我们会发现自己奇迹般地回到了起点。每一个结局可能是另一段新旅程的开始。

从前，有一本关于符号学的书《符号崛起：读图时代的意义游戏》……

后 记

　　尽管符号学已经拥有开创性的教科书、既定的程序、学术上的讨论、出版物和一段学术史，然而正如我们所看到的，符号学是一门兼收并蓄的多样化学科。这种多样性和兼容并包，尤其就符号学的研究方法而言，起源于许多为之提供灵感的不同学科，包括语言学、人类学、心理学、哲学、社会学、艺术史、传播学、传媒学和文化史，这就使得这一学科优劣兼具。其劣势在于符号学所能确定的知识并不存在；其优势在于这部分知识的缺失反而赋予符号学自由，使其探索新的思维方式、趣味之路，以新奇的方式来探索它的意义。换句话说，因为符号学没有其他知识领域的学理特质，使其可以积极地实践，而不仅仅是被动地学习和消化。在符号学中，我们不只是破译编码后就停在原地，相反，符号学要求我们不断对周围的意义反复诠释、重定格式、修订、反思和复兴。正是如此，符号学成为一门值得钻研的学科。

参考文献

Adair (1992) *The Postmodernist Always Rings Twice*, London: Fourth Estate.

Adams, James L. (2001) *Conceptual Blockbusting: A Guide to Better Ideas*(4th edition), Cambridge, MA: Perseus Books.

Aitchison, Jean (2002) *Words in the Mind* (3rd edition), Oxford: Blackwell.

Arnheim, Rudolf (1974) *Art and Visual Perception: A Psychology of the Creative Eye*(revised edition), Berkeley: University of California Press.

Arnheim, Rudolf (1988) *The Power of the Center: A Study of Composition in the Visual Arts*, Berkeley: University of California Press.

Augard, Tony (2003) *The Oxford Guide to Word Games* (2nd edition), Oxford: Oxford University Press.

Barnes, Julian (1995) *A History of the World in 10½ Chapters*, Cambridge: Cambridge University Press.

Barry, Peter (2002) *Beginning Theory: An Introduction to Literary and Cultural Theory*(2nd edition), Manchester: Manchester University Press.

Barthes, Roland (1977) *The Elements of Semiology*, New York: Hill and Wang.

Barthes, Roland (1984) *Image, Music, Text*, London: Flamingo.

Barthes, Roland (1993) *Mythologies*, London: Vintage.

Barthes, Roland (1990) *The Pleasure of the Text*, Oxford: Blackwell.

Baudrillard, Jean (1996) *The System of Objects* (Trans. James Benedict), London: Verso.

Beaney, Michael (ed.) (1997) *The Frege Reader*, Oxford: Blackwell.

Berger, John (1972) *Ways of Seeing*, Harmondsworth: Penguin.

Bettleheim, Bruno (1976) *The Uses of Enchantment: The Meaning and Importance of Fairy Tales*, London: Penguin.

Blonsky, Marshall (ed.) (1985) *On Signs*, Oxford: Blackwell.

de Boinod, Adam Jacot (2010) *I Never Knew There Was A Word for That*, London: Particular Books.

Booker, Christopher (2004) *The Seven Basic Plots*, New York: Continuum.

Bourdieu, Pierre (1979) *Distinction: A Social Critique of the Judgement of Taste*, London: Routledge.

Bowker, Geoffrey C. and Star, Susan L. (1999) *Sorting Things Out: Classification and its Consequences*, Cambridge, MA: MIT Press.

Brooks, Michael (2009) *13 Things that Don't Make Sense*, London: Profile Books.

Butler, S. William and Keeney, L. Douglas (2001) *Secret Messages: Concealment, Codes, and Other Types of Ingenious Communication*, New York: Simon and Schuster.

Chandler, Daniel (2002) *Semiotics: The Basics*. London: Routledge.

Cobley, P. (ed.) (1996) *The Communication Theory Reader*, London: Routledge.

Cobley, P. and Jansz, L. (1997) *Semiotics for Beginners*, Cambridge: Icon.

Culler, Jonathan (1976), *Saussure*, London: Fontana.

Dale, Rodney (2005) *Book of Urban Legend*, Ware: Wordsworth Editions.

Danesi, M. (1999) *Of Cigarettes, High Heels, and Other Interesting Things*, Basingstoke: Macmillan.

Deutcher, Guy (2010) *Through the Language Glass; How Words Colour Your World*, London: Heinemann.

Donnellan, K. (1966) 'Reference and Definite Descriptions', *Philosophical Review*, LXXV.

de Duve, Thierry (1996) *Kant after Duchamp*, Cambridge, MA: MIT Press.

Eco, Umberto (1976) *A Theory of Semiotics*, Bloomington: Indiana University Press.

Ferris, Tim (2007) *The 4-Hour Work Week*, London: Vermilion.

Fiske, John (1990) *An Introduction to Communication Studies* (2nd edition), London: Routledge.

Frazier, James (2004) *Contested Iconography: Was Newton an Astrologer, a Rational Mechanistic Scientist, or Neither ?* www.astrozero.co.uk.

Gerbner, G. (1956) 'Towards a general model of communication,' *Audio Visual Communication Review*, IV:3, pp. 171-99.

Goddard, Angela (2002) *The Language of Advertising* (2nd edition), London: Routledge.

Gombrich, Ernst (1977) *Art and Illusion* (5th edition), London: Phaidon.

Gombrich, Ernst (1979) *Ideals and Idols: Essays on Values in History and in Art*, Oxford: Phaidon.

Gombrich, Ernst (1986) *The Image and the Eye: Further Studies in the Psychology of Pictorial Representation*, Oxford: Phaidon.

Gordon, W. Terrence (1996) *Saussure for Beginners*, New York: Writers and Readers.

Grand, Steve (2000) *Creation: Life and How to Make It*, London: Weidenfeld and Nicholson.

Hall, Sean (2001) 'Redesigning Marxism' in *Designing in Context: Design Thinking Research Symposium 5*, Delft: Delft University Press, pp. 31-44.

Harding, Nick (2005) *Urban Legends*, Harpenden: Pocket Essentials.

Harvey, David (1980) *The Condition of Postmodernity*, Oxford: Blackwell.

Hawkes, Terence (2003) *Structuralism and Semiotics*(2nd edition), London: Routledge.

Hebdige, Dick (1979) *Subculture: The Meaning of Style*, London: Routledge.

Hoch, Paul (1979) *White Hero, Black Beast: Racism, Sexism*

and the Mask of Masculinity, London: Pluto Press.

Hofstadter Douglas (1997) Le Ton Beau de Marot, New York: Basic Books.

Hofstadter, Douglas (2007) I am a Strange Loop, New York: Basic Books.

Honderich, Ted (ed.) (1995) The Oxford Companion to Philosophy, Oxford: Oxford University Press.

Jackson, Kevin (1999) Invisible Forms: A guide to Literary Curiosities, London: Picador.

Jakobson, Roman 'Closing statement: linguistics and poetics' in Sebok, T. (ed.) (1969) Style and Language, Cambridge, MA: MIT Press.

Jakobson, Roman and Halle, Morris (2002) The Fundamentals of Language, Herndon: Walter de Gruyter.

Jaworski, Adam and Coupland, Nikolas (ed.) (1999) The Discourse Reader, London: Routledge.

Jean, Georges (1998) Signs, Symbols and Ciphers: Decoding the Message, London: Thames & Hudson.

Kövecses, Zoltan (2010) Metaphor: A Practical Introduction (2nd edition), Oxford: Oxford University Press.

Kress, Gunter and Van Leeuwen, Theo (2006) Reading Images: The Grammar of Visual Design (2nd edition), London: Routledge.

Lakoff, George and Johnson, Mark (2003) Metaphors We Live By (reprint), Chicago: University of Chicago Press.

Lasswell, H. 'The structure and function of communication in society' in Bryson, L. (1948) The Communication of Ideas, New York: Institute for Religious & Social Studies.

Leach, Edmund (1970) Claude Levi-Strauss, Chicago: Chicago University Press.

Levi-Strauss, Claude (1969) The Raw and the Cooked: Introduction to a Science of Mythology, London: Pimlico.

Lidwell, William, Holden, Kritina, and Butler, Jill (2003) Universal Principles of Design, Gloucester, MA: Rockport.

McLuhan, Marshall (2001) Understanding Media: The Extensions of Man (reprint), London: Routledge.

Marquart, Christian (1998) Beetlemania: Return of the Bug, Frankfurt: Verlag Form.

Mijksenaar, Paul and Westendorp, Piet (1999) Open Here: The Art of Instructions, New York: Joost Elffers Books.

Moore, A. W. (ed.) (1993) Reference and Meaning, Oxford: Oxford University Press.

Morris, Desmond (1962) The Biology of Art: A Study of the Picture-making Behaviour of the Great Apes and Its Relationship to Human Art, London: Methuen.

Nagel, T. (October, 1974) 'What is it like to be a bat?', Philosophical Review, LXXXIII.

Ogden, Charles Kay and Richards, Ivor Armstrong (1989) The Meaning of Meaning: A Study of the Influence of Language upon Thought and of the Science of Symbolism (reprint), San Diego: Harcourt Brace Jovanovich.

Packard, Vance (1959) The Status Seekers, London: Pelican.

Papanek, Victor (1995) The Green Imperative: Ecology and Ethics in Design and Architecture, London: Thames & Hudson.

Pierce, Charles Sanders (1958) Collected Papers, Cambridge, MA: Harvard University Press.

Pierce, Charles Sanders (1998) The Essential Pierce: Selected Philosophical Writings (2 vols). Bloomington: Indiana University Press.

Perec, Georges (1997) Species of Spaces and Other Pieces, London: Penguin.

Putnam, H. 'Meaning and reference' in Moore, A. W. (ed.) (1993).

Reps, Paul (compiler) (1994) Zen Flesh, Zen Bones: A Collection of Zen and Pre-Zen Writings, London: Shambhala.

de Saussure, Ferdinand (1983) Course in General Linguistics, London: Duckworth, trans. Harris, Roy

de Saint-Exupéry, Antoine (2005) The Little Prince, London: Egmont and Harcourt.

Sebok, Thomas, S.'Pandora's Box: how and why to communicate 10, 000 years into the future' in Blonsky, Marshall (ed.) (1985).

Shannon, Claude and Weaver, Warren (1998) The Mathematical Theory of Communication (reprint), Urbana: University of Illinois Press.

Sontag, Susan (1988) Aids and Its Metaphors, London: Penguin.

Thwaites, Tony, Davies, Lloyd, and Mules, Warwick (1996) Tools For Cultural Studies: An Introduction, South Melbourne: Macmillan Education Australia.

Van Leeuwen, Theo (2005) Introducing Social Semiotics, London: Routledge.

Varasdi, J. Allen (1996) Myth Information, New York: Ballantine Books.

Weaver, Warren 'Recent contributions to the mathematical theory of communication', Appendix to Shannon and Weaver (1949).

Williamson, Judith (1983) Decoding Advertisements: Ideology and Meaning in Advertising, London: Boyars.

Winch, Peter (1958) The Idea of a Social Science and Its Relation to Philosophy, London: Routledge.

Wittgenstein, Ludwig trans. G. E. M. Anscombe (1953) Philosophical Investigations (3rd edition), Oxford: Blackwell.

Wollheim, Richard (1984) The Thread of Life, Cambridge: Cambridge University Press.

图片提供

6 © Chris Selby/Alamy.

7 Philipon, *Les Poires*, from 'Le Charivari', 1834. Private collection, London.

9 Peter Newell, illustrator. *Favorite Fairy Tales: The Childhood Choice of Representative Men and Women*. New York: Harper & Brothers, 1907. Private collection, London.

14 © Kate Mitchell/Corbis.

15 © Benetton Group–Photo: Oliviero Toscani.

3-4 Lucas Cranach, *Adam and Eve*, 1526. Oil on panel,117 x 80 cm (46 x 31½ in). Courtauld Institute, London. Acquisition Lee of Fareham, Arthur Hamilton (1st Viscount) ; bequest; 1947. P.1947.LF.77. Bridgeman Art Library.

7-8 *Inuit Wooden Maps*. © The Greenland National Museum and Archives.

9-10 Cindy Sherman, *Untitled*, 1985. Color photograph, 67¼ x 49½ inches Courtesy of the artist and Metro Pictures.

15-16 Congo, *Composition on Black Paper*, 13 March 1958 . © Desmond Morris, courtesy of the Mayor Gallery.

17-18 Barbara Kruger, *I Shop Therefore I am*, 1987. Photographic silkscreen on vinyl, 284.5 x 287.5 cm (112 x 113 in) . Private Collection. Courtesy Thomas Ammann Fine Art AG, Zürich.

19-20 Leonardo da Vinci, *Mona Lisa*, c. 1503. Oil on panel, 97.8 x 53.3 cm (38½ x 21 in). Musée du Louvre, Paris. © Studio Fotografico Quattrone, Florence.

25-26 Robert Jackson, *Jack Ruby Shoots Lee Harvey Oswald at Dallas Police Station* (detail), 24 November 1963. Everett Collection/Rex Features.

27-28 © Brian Ach/Alamy.

33-34 Sean Gallup/Getty Images (53 left and 54 top left) . Nina Dodd/Rex Features (53 right and 54 top right) . Marianne Rosenstiehl/Sygma/Corbis (54 bottom).

45-46 Piero della Francesca, *Baptism of Christ*, c. 1445. Egg tempera on wood panel, 167 x 121.2 cm (5 ft 5¾ in x 3 ft 11¾ in) . National Gallery, London/ Scala, Florence.

47-48 After de Saint-Exupéry, Antoine (2005) *The Little Prince*, London: Egmont and Harcourt, p. 1.

51-52 René Magritte, *The Betrayal of Images* ('This is not a pipe'), c. 1928-29. Oil on canvas, 60 x 94 cm (23⅝ x 37 in) . Los Angeles County Museum of Art, California. Purchased with funds provided by the Mr. and Mrs. W.P. Harrison Collection. 1996. 78.7. Scala, Florence. © ADAGP, Paris and DACS, London 2011.

59-60 Paolo Uccello, *Battle of San Romano*, c. 1435-60. Panel, 1.86 x 3.23 m (6 ft x 10 ft 5 in). National Gallery, London/Scala, Florence.

73-74 Eugène Delacroix, *The 28th July: Liberty Leading the People*, 1830 (Salon of 1831) . Oil on canvas,2.6 x 3.25 m (8 ft 6 in x 10 ft 8 in). Musée du Louvre, Paris. © Photo Josse, Paris.

75-76 Bayeux Tapestry (detail), late 11th century. Wool embroidery on linen, depth approx. 50.8 cm (20 in), entire length70.4 m (231 ft). Town of Bayeux, France. Bridgeman Art Library.

77-78 Michelangelo Buonarroti, *Deposition*, c. 1550-53.

Marble, height 2.26 m (7 ft 5 in) , Museo dell'Opera del Duomo, Florence. Photo: Scala, Florence.

79-80 M.C. Escher, *Mosaic II*, 1957. © 2011 The M.C. Escher Company–Holland. All rights reserved. www.mcescher.com.

83-84 Masaccio, *Tribute Money*, 1426-28. Fresco, Cappella Brancaci, Santa Maria del Carmine, Florence. © Studio Fotografico Quattrone, Florence.

85-86 Still from Fritz Lang, *Metropolis*, 1926. UFA/The Kobal Collection.

87-88 Colin O'Brien, *Lightning Over London*, photograph. Courtesy of Colin O'Brien.

93-94 Gary Buss/Getty Images.

111-112 © Jon Arnold/JAI/Corbis (131t and 132t). © WildPictures/ Alamy (131b and 132b) .

117-118 ©The Print Collector/Corbis.

121-122 By courtesy of Anything Left-Handed Ltd, anythingleft-handed.co.uk.

123-124 Sandro Botticelli, *Birth of Venus*, c.1485–86. Tempera on canvas,1.73 x 2.77m (5 ft 9 in x 9 ft 2 in) . Galleria degli Uffizi, Florence. © Studio Fotografico Quattrone, Florence.

125-126 Marcel Duchamp, *Fountain*, 1917. Ready-made, height 62.5 cm (24½ in). Courtesy Sidney Janis Gallery. © Succession Marcel Duchamp/ADAGP, Paris, and DACS, London 2011.

133-134 Thomas Gainsborough, *Mr and Mrs Andrews*, c. 1750. Oil on canvas, 69.8 x 119.4 cm (27½ x 47 in). National Gallery, London/Scala, Florence.

137-138 Carl André, *Equivalent VIII*, 1966. 120 firebricks, 12.5 x 274 x 57 cm (95 x 106½ x 22½ in). Tate Modern/© Carl Andre. DACS, London/VAGA, New York 2011.

139-140 © Peter Kent.

141-142 © Dave Bartruff/Corbis.

143-144 Van Gogh, *Portrait with Bandaged Ear*, 1889. Oil on canvas, 60 x 49 cm (23 ⅜ x 19⅓ in). Samuel Courtauld Trust, Courtauld Institute of Art Gallery, London/Bridgeman Art Library.

145-146 Sigmund Freud, *Doodle*. Library of Congress, Washington, DC.

149-150 Masalino, *Crucifixion*, fresco, left (south wall), lower band, Chapel of the Sacrament, S. Clemente, Rome, 1428-32. © Vincenzo Pirozzi, Rome fotopirozzi@inwind.it.

159-160 Théodore Géricault, *The Raft of the Medusa*, 1819. Oil on canvas, 4.9 x 7.16 m (16 ft x 23 ft 6 in). Musée du Louvre, Paris. © Photo Josse, Paris.

161-162 © AF archive/Alamy.

163-164 Still from Alfred Hitchcock, *Psycho*, with Janet Leigh, 1960. SNAP/Rex Features.

165-166 Courtesy and © Richard McGuire.

170

图书在版编目（CIP）数据

符号崛起：读图时代的意义游戏/（英）西恩·霍尔（Sean Hall）著；皮永生，段于兰译.--重庆：重庆大学出版社，2019.9
书名原文：This Means This, This Means That：A User's Guide to Semiotics（2nd）
ISBN 978-7-5689-0243-4

Ⅰ.①符… Ⅱ.①西…②皮…③段… Ⅲ.①符号学—研究 Ⅳ.①H0

中国版本图书馆 CIP 数据核字（2016）第 266824 号

符号崛起：读图时代的意义游戏
FUHAO JUEQI　DUTU　SHIDAI DE YIYI YOUXI

（英）西恩·霍尔（Sean Hall）　著
皮永生　段于兰　译
责任编辑：张菱芷
责任校对：邹　忌
责任印制：张　策
装帧设计：UFO 工作室
内文制作：UFO 工作室
*
重庆大学出版社出版发行
出版人：饶帮华
社址：重庆市沙坪坝区大学城西路 21 号
邮编：401331
电话：（023）88617190　88617185（中小学）
传真：（023）88617186　88617166
网址：http://www.cqup.com.cn
邮箱：fxk@cqup.com.cn（营销中心）
全国新华书店经销
重庆新金雅迪艺术印刷有限公司印刷
*
开本：720mm×1020mm　1/16　印张：12.25　字数：296 千字
2019 年 9 月第 1 版　　2019 年 9 月第 1 次印刷
ISBN 978-7-5689-0243-4　定价：78.00 元

This Means This, This Means That:

A User's Guide to Semiotics (2nd)

By Sean Hall

版贸核渝字（2013）第228号